Was nur wenigen Autoren gelingt – allein durch ihre Erzählungen weltberühmt zu werden –: der kanadischen Autorin Alice Munro ist es gelungen. Das Lob, das sie für ihre klugen, vielschichtigen und fesselnden Geschichten immer wieder bekommen hat, ist hymnisch; die New York Times spricht von ihren Erzählungen schlichtweg als von »literarischen Wundern«. Niemand sonst vermag es, so viel Realität, so viel Ambivalenz, so viel Verstrickung auf so wenige Seiten unterzubringen wie Munro; niemand sonst weiß die Charaktere seiner Figuren auf so knappem Raum so tief auszuloten, den Leser so tief in die Niederungen des scheinbar Alltäglichen, Harmlosen zu führen – mitten ins Dunkle, Geheimnisvolle der menschlichen Psyche hinein. So vermeintlich harmlos sich Munros Texte auch anlassen mögen – alle haben sie eine unheimliche Unterströmung. Hinter der Fassade von Wohlanständigkeit und Bürgerlichkeit lauern starke Gefühle, Geheimnisse, Betrug, Verrat, Gewalt – mitunter sogar Mord und Totschlag.

Alice Munro

Die Liebe einer Frau

Drei Erzählungen
und ein kurzer Roman

Aus dem Englischen von
Heidi Zerning

Fischer Taschenbuch Verlag

Die Übersetzung wurde vom *Canada Council for the Arts*
und dem *Canadian Department of Foreign Affairs
and International Trade* gefördert

Limitierte Sonderausgabe
Veröffentlicht im Fischer Taschenbuch Verlag,
einem Unternehmen der S. Fischer Verlag GmbH,
Frankfurt am Main, August 2008

Die hier vorgelegten Texte erschienen im Original 1998
zusammen mit vier weiteren Erzählungen der Autorin
›Der Traum meiner Mutter‹, ›Die Kinder bleiben hier‹,
›Stinkreich‹, ›Vor dem Wandel‹) in dem Band
›The Love of a Good Woman‹ bei Alfred A. Knopf, New York.
Die genannten Erzählungen sind in dem bei S. Fischer
erschienenen Band ›Der Traum meiner Mutter‹ enthalten.
© Alice Munro 1998
Für die deutschsprachige Ausgabe:
© 2000 S. Fischer Verlag GmbH, Frankfurt am Main
Umschlaggestaltung: Gundula Hissmann und
Andreas Heilmann, Hamburg
Umschlagfoto: Mauritius / Nonstock
Gesamtherstellung: CPI – Clausen & Bosse, Leck
Printed in Germany
ISBN 978-3-596-51053-5

Für Ann Close,
meine Lektorin und Freundin

Inhalt

Die Liebe einer Frau

Seit zwei Jahrzehnten gibt es in Walley ein Museum, das alle möglichen Dinge aufbewahrt, von Fotos und Butterfässern und Pferdegeschirren bis hin zu einem alten Zahnarztstuhl, einem unhandlichen Apfelschäler und solchen Kuriositäten wie den hübschen kleinen Isolatoren aus Porzellan und Glas, die einst auf Telegrafenmasten Dienst taten.

Dort findet sich auch ein Instrumentenkasten mit der Aufprägung D. M. WILLENS, OPTIKER. Auf dem dazugehörigen Schildchen steht: »Dieser Kasten mit optometrischen Instrumenten ist zwar nicht sehr alt, aber von beträchtlicher Bedeutung für diese Stadt, da er Mr. D. M. Willens gehörte, der 1951 im Peregrine River ertrank. Der Kasten entging offenbar der Katastrophe und wurde vermutlich vom anonymen Spender gefunden, der ihn uns für unsere Sammlung zur Verfügung stellte.«

Das Ophthalmoskop erinnert ein wenig an einen Schneemann. Das heißt, der obere Teil – der Teil, der auf einem hohlen Griff angebracht ist. Eine große runde Scheibe, darüber eine kleinere runde Scheibe. In der großen Scheibe ein Loch zum Hindurchsehen beim Wechseln der unterschiedlichen Brillengläser. Der Griff ist schwer, denn die Batterien stecken noch darin. Wenn man die Batterien herausnähme und den dazugehörigen Stab mit einer Scheibe an jedem Ende einsetzte, könnte man ein Kabel anschließen. Aber es mag notwendig gewesen sein, das Gerät an Orten zu verwenden, an denen es keinen elektrischen Strom gab.

Das Skiaskop sieht komplizierter aus. Unter der runden Stirnspange sitzt so etwas wie ein Zwergenkopf, mit einem runden, flachen Gesicht und einer Zipfelmütze aus Metall. Die Mütze neigt sich in einem Winkel von fünfundvierzig Grad zu einer schlanken Säule, die oben ein Lämpchen hat. Das flache Gesicht besteht aus Glas und ist eine Art dunkler Spiegel.

Alle Geräte sind schwarz, aber das ist nur Farbe. An manchen Stellen, die der Optiker besonders oft berührt haben muss, hat sich die Farbe abgenutzt, und man kann das silbrig glänzende Metall sehen.

I. Skagerrak

Die Stelle hieß Skagerrak. Früher hatte hier eine Mühle gestanden, umgeben von einer kleinen Ansiedlung, aber bereits zu Ende des vorigen Jahrhunderts war all das verschwunden, und auch vorher hatte der Ort es nie zu Bedeutung gebracht. Viele Leute glaubten, er sei nach der berühmten Seeschlacht im Ersten Weltkrieg benannt, aber in Wahrheit war schon viele Jahre, bevor diese Schlacht überhaupt stattfand, alles verfallen.

Die drei Jungen, die an einem Samstagmorgen im Frühling des Jahres 1951 hierher kamen, glaubten wie die meisten Kinder, dass der Name von den alten Holzbohlen stammte, die aus der Erde des Flussufers ragten, und von den dicken Brettern, die im nahegelegenen Wasser hochstanden und eine ungleichmäßige Palisade bildeten. (Es waren die Überreste eines vor dem Beton-Zeitalter errichteten Staudamms.) Die Bohlen und ein Haufen Mauersteine und ein Fliederbusch und ein paar große, von Krebsknoten verformte Apfelbäume und der flache Graben des Mühlgerinnes, der sich jeden Sommer mit Brennnesseln füllte, waren die einzigen Überreste dessen, was hier einmal gestanden hatte.

Es gab einen Weg oder eher einen Pfad, der von der Landstraße hierher führte, aber er war nie geschottert worden und erschien auf Landkarten nur als gepunktete Linie, ein öffentlicher Weg. Im Sommer wurde er recht häufig benutzt, von Leuten, die zum Baden an den Fluss fuhren, oder nachts von Pärchen, die einen Ort zum Parken suchten. Der Wendeplatz lag vor dem Graben, aber alles war so von Brennnesseln und in nassen Jahren obendrein von Bärenklau und Schierling überwuchert, dass die Autos manchmal das ganze Stück bis zur Straße zurücksetzen mussten.

Die Reifenspuren, die ins Wasser führten, waren an diesem Frühlingsmorgen leicht zu entdecken, wurden aber von den Jungen nicht bemerkt, denn die drei dachten nur ans Schwimmen. Wenigstens würden sie es so nennen, sie würden in die Stadt zurückkehren und behaupten, dass sie am Skagerrak geschwommen seien, noch bevor der Schnee vom Boden verschwunden war.

Hier flussaufwärts war es kälter als in den Untiefen nahe der Stadt. Die Bäume am Ufer hatten noch kein Blatt ausgetrieben – das einzige Grün, das man sah, kam von den Bärlauchflecken auf dem Boden und den Sumpfdotterblumen, frisch wie Spinat, die jeden kleinen Wasserlauf zum Fluss hinunter säumten. Und auf dem gegenüberliegenden Ufer unter ein paar Zedern sahen sie das, wonach sie besonders Ausschau hielten – eine lange, niedrige, hartnäckige Schneewehe, grau wie Stein.

Noch nicht vom Boden verschwunden.

Also würden sie ins Wasser springen und die Kälte wie Eisdolche spüren. Eisdolche, die hinter ihren Augen aufschossen und von innen auf ihre Schädeldecken einstachen. Dann würden sie ein paarmal Arme und Beine bewegen und sich hinaushangeln, am ganzen Körper zitternd und mit klappernden Zähnen; sie würden die tauben Gliedmaßen in die Kleider stecken und die Schmerzen spüren, wenn das aufgeschreckte Blut den Körper zurückeroberte, und die Erleichterung, ihre Prahlerei wahr gemacht zu haben.

Die Reifenspuren, die ihnen nicht auffielen, führten geradewegs durch den Graben – in dem jetzt nichts wuchs, nur das platte, tote, strohfarbene Gras des Vorjahres war noch da. Durch den Graben und in den Fluss, ohne den Versuch einer Umkehr. Die Jungen stiefelten darüber hinweg. Aber inzwischen waren sie nah genug am Wasser, um etwas zu entdecken, was wesentlich fesselnder war als Reifenspuren.

An einer Stelle schimmerte das Wasser hellblau, und das war keine Spiegelung des Himmels. Es war ein komplettes Auto, es lag schräg im Mühlteich, die Vorderräder und die Motorhaube staken im schlammigen Grund, der Buckel der Kofferhaube durchbrach fast die Wasseroberfläche. Hellblau war zu jener Zeit eine ungewöhnliche Farbe für ein Auto, und seine bauchige Form war ebenfalls ungewöhnlich. Sie erkannten es sofort. Das kleine englische Auto,

15

der Austin, bestimmt der Einzige im ganzen Land. Er gehörte Mr. Willens, dem Optiker. Er sah wie eine Witzfigur aus, wenn er darin fuhr, denn er war ein kleiner, aber dicker Mann, mit breiten Schultern und großem Kopf. Er wirkte immer in sein kleines Auto hineingezwängt wie in einen platzenden Anzug.

Das Auto besaß ein Schiebedach, das Mr. Willens bei warmem Wetter öffnete. Es stand jetzt offen. Was sich im Innern befand, konnten sie nur schwer erkennen. Die Farbe des Autos machte seine Form gut sichtbar, aber das trübe Wasser verbarg alles, was weniger hell war. Die Jungen hockten sich ans Ufer, dann legten sie sich auf den Bauch, reckten wie Schildkröten den Kopf vor und spähten ins Wasser. Da war etwas Dunkles, Pelziges, etwas wie ein großer Tierschwanz, es ragte aus der Öffnung im Dach und bewegte sich träge im Wasser. Nicht lange, und es wurde als Arm ausgemacht, bedeckt vom Ärmel einer dunklen Jacke aus schwerem, haarigem Stoff. Wie es aussah, war in dem Auto der Leichnam eines Mannes – es musste der von Mr. Willens sein – in eine merkwürdige Stellung geraten. Die Kraft des Wassers – denn selbst im Mühlteich ging zu dieser Jahreszeit eine ziemlich starke Strömung – musste ihn irgendwie vom Sitz gehoben und umhergestoßen haben, sodass er oben ans Autodach kam und ein Arm hinausgeriet. Sein Kopf musste heruntergedrückt worden sein, gegen das Fenster der Fahrertür.

Ein Vorderrad steckte tiefer im Grund als das andere, das Auto lag also auch seitlich schräg im Wasser. Und das hieß, eigentlich musste das Fenster der Fahrertür offen stehen und der Kopf von Mr. Willens herausragen. Aber es gelang ihnen nicht, den klar zu erkennen. Sie konnten sich nur sein Gesicht vorstellen, wie sie es kannten – ein großes, breites Gesicht, das oft ein dramatisches Stirnrunzeln zur Schau trug, aber nie ernsthaft einschüchterte. Sein dünnes, krauses Haar war rötlich oder messingfarben und quer über den Schädel gekämmt. Seine Augenbrauen waren dunkler als das Haupthaar, dick und struppig wie Raupen, die über den Augen klebten. Dieses Gesicht kam ihnen ohnehin grotesk vor, wie viele Gesichter von Erwachsenen, und sie hatten keine Angst, es vom Wasser aufgequollen zu sehen. Aber alles, was sie erspähen konnten, war dieser Arm mit der bleichen Hand. Die Hand sahen sie ganz deutlich, sobald sie sich daran gewöhnt hatten, ins Wasser zu schauen. Sie schwebte zitternd und unentschlossen, wie eine Feder, obwohl sie aussah wie aus Teig. Und ebenso normal, sobald man sich daran gewöhnt hatte, dass sie überhaupt dort war. Die Fingernägel waren alle wie blanke kleine Gesichter, mit ihrer verständigen, alltäglichen Begrüßungsmiene, ihrer vernünftigen Missachtung der gegenwärtigen Umstände.

»Mannometer«, sagten die Jungen. Mit zunehmendem Nachdruck und in einem Tonfall wachsender Hochachtung, sogar der Dankbarkeit. »*Manno-meter.*«

Es war ihr erster Ausflug in diesem Jahr. Sie waren auf der Brücke über den Peregrine River hergekommen, einer einspurigen Brücke, die auf zwei Bögen ruhte und in der Gegend als Höllentor oder Todesfalle verschrien war – obwohl die Gefahr mehr mit der scharfen Kurve zu tun hatte, die die Straße an ihrem südlichen Ende nahm, als mit der Brücke selbst.

Es gab auch einen Gehweg für Fußgänger, aber den benutzten sie nicht. Sie konnten sich nicht daran erinnern, ihn jemals benutzt zu haben. Vielleicht vor vielen Jahren, als sie so klein waren, dass sie bei der Hand genommen wurden. Aber diese Zeit gab es für sie nicht mehr; sie weigerten sich, sie wiederzuerkennen, selbst wenn ihnen Beweise in Form von Schnappschüssen gezeigt wurden oder sie gezwungen waren, sich in Familiengesprächen etwas darüber anzuhören.

Sie gingen jetzt auf dem eisernen Sims entlang, der nicht neben dem Gehweg, sondern auf der anderen Seite der Brücke verlief. Er war ungefähr zwanzig Zentimeter breit und etwa dreißig Zentimeter über dem Brückenboden. Der Peregrine River trug die inzwischen geschmolzene Winterlast aus Eis und Schnee hastig hinaus in den Lake Huron. Er kehrte gerade erst in seine Ufer zurück, nach der alljährlichen Flut, die die Auen in einen See verwandelte, die jungen Bäume ausriss und alle Boote und Hütten innerhalb ihrer Reichweite zerschlug. Gesättigt mit Erdreich, das aus den ablaufenden Wiesen in den Fluss geschwemmt wurde, und beschienen vom bleichen Sonnenlicht, sah das Wasser aus wie kochender Karamellpudding. Aber wehe, du fielst hinein, dann verwandelte es dich in Eis und schleuderte dich hinaus in den See, wenn es dir nicht vorher an den Brückenpfeilern den Schädel zertrümmerte.

Autos hupten sie an – eine Warnung oder ein Tadel, aber sie kümmerten sich nicht darum. Sie gingen im Gänsemarsch, selbstvergessen wie Schlafwandler. Am Nordende der Brücke krabbelten sie hinunter zu den Auen und suchten die Pfade, die sie vom Vorjahr kannten. Die Flut lag so kurz zurück, dass es noch gar nicht leicht war, diesen Pfaden zu folgen. Sie mussten sich durch niedergeschlagenes Gestrüpp kämpfen und von einem schlammverkrusteten Grasbüschel zum anderen springen. Manchmal sprangen sie achtlos und landeten im Schlamm oder in Tümpeln, die das Flutwasser zurückgelassen hatte, und als ihre Füße erst einmal nass waren, passten sie nicht mehr auf, wo sie landeten. Sie stapften in den Schlamm und planschten durch die Tümpel, sodass ihnen das Wasser in die Gummistiefel floss. Der Wind war warm, er zerrte die Wolken auseinander zu aufgeräufelten Wollfäden, und über dem Fluss tummelten und stritten sich Möwen und Krähen. Bussarde kreisten in der Höhe und hielten Ausschau. Die Rotkehlchen waren gerade zurückgekehrt, und die Kuhvögel mit den orangegelben Flügeln schossen zu zweit umher und leuchteten in die Augen, als wären sie eben in Farbe getunkt worden.

»Hätt 'ne Zweiundzwanziger mitnehm' solln.«

»Hätt 'ne Kaliber zwölf mitnehm' solln.«

Sie waren zu alt, um mit Stöcken zu zielen und Schussgeräusche zu machen. Sie sprachen mit beiläufigem Bedauern, als wären ihnen Schusswaffen ohne weiteres zugänglich.

Am Norduffer kletterten sie hinauf zu einer Stelle mit kahlem Sand. Schildkröten legten hier angeblich ihre Eier ab. Es war noch nicht an der Zeit für dieses Ereignis, außerdem wurde die Geschichte von den Schildkröteneiern schon seit vielen Jahren erzählt – keiner der Jungen hatte je welche gesehen. Aber sicherheitshalber durchstöberten sie den Sand. Dann sahen sie sich nach der Stelle um, an der im vorigen Jahr einer von ihnen zusammen mit einem anderen Jungen das Hüftbein einer Kuh gefunden hatte, aus einem Haufen Schlachtknochen von der Flut davongetragen. Man konnte sich darauf verlassen, dass der Fluss jedes Jahr eine beträchtliche Anzahl erstaunlicher oder klobiger oder bizarrer oder vertrauter Gegenstände davonschwemmte und anderswo absetzte. Drahtrollen, eine unbeschädigte Trittleiter, eine verbogene Schaufel, einen Malzkessel. Das Hüftbein hatte sich auf dem Ast eines Essigbaums verfangen – was passend schien, denn dessen pelzige Zweige sahen aus wie Kuhhörner oder Hirschgeweihe, manche mit rostbraunen Zapfen am Ende.

Sie platschten eine Weile umher – Cece Ferns zeigte ihnen genau den Ast –, aber sie fanden nichts.

Cece Ferns und Ralph Diller hatten diesen Fund gemacht, und wenn er gefragt wurde, wo das Fundstück jetzt war, sagte Cece Ferns: »Ralph hat's mitgenommen.« Die beiden anderen Jungen jetzt, Jimmy Box und Bud Salter, wussten, warum das sein musste. Cece konnte nie etwas nach Hause mitnehmen, außer es war so klein, dass es sich leicht vor seinem Vater verstecken ließ.

Sie redeten über nützlichere Funde, die sie vielleicht machen konnten oder in den letzten Jahren gemacht hatten. Aus Zaunpfählen ließ sich ein Floß bauen, Treibholzstücke ließen sich für eine Hütte oder ein Boot sammeln. Wenn sie Glück hatten, erwischten sie ein paar losgerissene Bisamrattenfallen. Dann konnten sie ins Geschäft einsteigen. Sie brauchten nur genug Holz für Spannbretter zu sammeln und die Messer zum Häuten zu stehlen. Sie sprachen davon, einen Schuppen zu übernehmen, von dem sie wussten, dass er leer stand, in der Sackgasse hinter dem früheren Reitstall. An der Tür war ein Vorhängeschloss, aber sie kamen wahrscheinlich durch ein Fenster hinein, indem sie die Bretter nachts abnahmen und bei Tagesanbruch wieder anbrachten. Sie würden eine Taschenlampe zur Arbeit mitnehmen. Nein – eine Laterne. Sie würden die Bisamratten häuten und die Felle spannen und für viel Geld verkaufen.

Dieses Projekt wurde für sie so real, dass sie sich sogar Sorgen darüber machten, die wertvollen Felle den ganzen Tag über im Schuppen zu lassen. Einer von ihnen musste Wache stehen, während die anderen gingen und die Fallen kontrollierten. (Niemand erwähnte die Schule.)

So redeten sie, wenn sie aus der Stadt heraus waren. Sie redeten, als könnten sie frei – oder nahezu frei – handeln, als gingen sie nicht zur Schule oder lebten nicht in Familien oder erduldeten keine der ihnen durch ihr Alter auferlegten Demütigungen. Auch, als versorgten das Land und anderer Leute Habe sie mit allem Notwendigen für ihre Unternehmungen und Abenteuer, bei geringstem Risiko und geringster Anstrengung ihrerseits.

Eine weitere Eigenart ihrer Gespräche hier draußen war, dass sie nahezu völlig aufgaben, Namen zu benutzen. Sie benutzten ihre richtigen Namen ohnehin nicht oft – nicht einmal Familienkosenamen wie Bud. In der Schule hatte fast jeder einen Spitznamen. Manche hatten damit zu tun, wie Leute aussahen oder redeten, wie Glotzauge oder Quassler, und manche wie Wundarsch und Hühnerficker hatten mit wirklichen oder erfundenen Vorfällen im Leben der so Benannten zu tun oder im Leben – solche Namen wurden über Jahrzehnte hinweg weitergegeben – ihrer Brüder, Väter oder Onkel. Das waren die Namen, von denen sie abließen, wenn sie draußen im Wald oder auf den Flussauen waren. Wollten sie die anderen auf sich aufmerksam machen, riefen sie nur »He«. Sogar das Benutzen der Namen, die unflätig und zotig waren und die die Erwachsenen vermutlich nie zu hören bekamen, hätte ein Gefühl zerstört, das sie bei diesen Gelegenheiten hatten, das Gefühl, ihr Aussehen, ihre Gewohnheiten, Familien und persönlichen Geschichten gegenseitig völlig fraglos hinzunehmen.

Und doch betrachteten sie einander kaum als Freunde. Sie hätten nie einen als besten Freund oder zweitbesten Freund bezeichnet oder mit mehreren auf diesen Positionen herumgespielt, wie Mädchen es taten. Jeder von mindestens einem Dutzend Jungen hätte jeden dieser drei ersetzen können und wäre von den anderen genauso angenommen worden. Die meisten Mitglieder dieser Gruppe waren zwischen neun und zwölf Jahre alt, zu alt, um an die Gärten und Hinterhöfe der Nachbarschaft gebunden zu sein, aber zu jung, um Jobs zu haben – selbst solch einen Job wie den Bürgersteig vor einem Laden zu fegen oder Lebensmittel mit dem Fahrrad auszuliefern. Die meisten von ihnen wohnten im Nordteil der Stadt, was bedeutete, dass von ihnen erwartet wurde, sich solch einen Job zu besorgen, sobald sie alt genug waren, und dass keiner von ihnen je aufs Appleby oder aufs Upper Canada College geschickt werden würde. Andererseits hauste keiner von ihnen in einer Baracke oder hatte einen Verwandten im Kittchen. Trotzdem gab es beträchtliche Unterschiede, wie sie zu Hause lebten und was von ihnen im Leben erwartet wurde. Aber diese Unterschiede fielen von ihnen ab, sobald sie das Kreisgefängnis und das Getreidesilo und die Kirchtürme nicht mehr sehen und das Geläut der Rathausuhr nicht mehr hören konnten.

Auf dem Heimweg gingen sie schnell. Manchmal verfielen sie in Laufschritt, aber sie rannten nicht. Springen, Trödeln, Planschen, das gab es nicht mehr, und der Lärm, den sie auf ihrem Weg hinaus gemacht hatten, das Indianergeheul, wurde auch weggelassen. Jedes Geschenk der Flut wurde bemerkt, aber links liegen gelassen. Eigentlich gingen sie wie Erwachsene, in ziemlich gleichmäßigem Tempo und auf dem vernünftigsten Weg, mit der Bürde, wohin sie nun gehen und was sie als Nächstes tun mussten. Sie hatten etwas vor sich, hatten ein Bild vor Augen, das sich zwischen sie und die Welt schob, etwas, was die meisten Erwachsenen zu haben schienen. Der Mühlteich, das Auto, der Arm, die Hand. Sie hatten die Vorstellung, sobald sie eine bestimmte Stelle erreichten, würden sie anfangen zu rufen. Sie würden unter lautem Geschrei in die Stadt ziehen und mit ihrer Neuigkeit fuchteln, und alle würden mucksmäuschenstill sein und zuhören.

Sie überquerten die Brücke in derselben Weise wie immer, auf dem Sims. Aber sie hatten keinerlei Gefühl von Wagnis oder Mut oder Kaltblütigkeit. Sie hätten ebenso gut den Gehweg nehmen können.

Statt der scharfen Kurve der Straße zu folgen, von der aus man sowohl den Hafen als auch den Marktplatz erreichen konnte, kletterten sie das Ufer hoch zu einem Pfad, der bei den Eisenbahnschuppen herauskam. Die Uhr spielte das Viertel-nach-Geläut. Viertel nach zwölf.

Das war die Zeit, zu der die Leute zum Mittagessen nach Hause gingen. Die Büroangestellten hatten Dienstschluss. Aber die, die in Läden arbeiteten, hatten nur ihre übliche Freistunde – am Samstag blieben die Läden bis zehn oder elf Uhr abends geöffnet.

Die meisten Leute gingen zu einer warmen, sättigenden Mahlzeit heim. Schweinekoteletts oder Würstchen oder gekochtes Rindfleisch oder Hackfleischauflauf. Mit Sicherheit Kartoffeln, gestampft oder gebraten; eingelagerte Wurzelgemüse oder Kohl oder Rahmzwiebeln. (Ein paar Hausfrauen, reicher oder verschwenderischer, hatten vielleicht eine Dose

Erbsen oder Butterbohnen aufgemacht.) Brot, Muffins, eingewecktes Obst, Kuchen. Selbst diejenigen, die kein Zuhause hatten oder die aus irgendeinem Grunde nicht dorthin wollten, setzten sich zu einer ähnlichen Mahlzeit im Duke of Cumberland oder im Merchant's Hotel an den Tisch oder nahmen für weniger Geld hinter den beschlagenen Scheiben von Shervill's Dairy Bar Platz.

Die meisten derer, die nach Hause gingen, waren Männer. Denn die Frauen waren bereits dort – waren die ganze Zeit über dort. Einige Frauen mittleren Alters jedoch, die aus Gründen, für die sie nichts konnten – tote Ehemänner oder kranke Ehemänner oder überhaupt keine Ehemänner –, in Läden oder Büros arbeiteten, waren mit den Müttern der Jungen befreundet und riefen ihnen jetzt Begrüßungen zu, sogar quer über die Straße (am schlimmsten war es für Bud Salter, den sie Buddy nannten), in einer ganz bestimmten scherzhaften oder munteren Art, die all das wachrief, was sie über Familiengeschichten oder die weit zurückliegende frühe Kindheit wussten.

Männer machten sich nicht die Umstände, kleine Jungen mit Namen zu begrüßen, selbst wenn sie sie gut kannten. Sie nannten sie »Jungs« oder »Burschen« oder gelegentlich »Herren«.

»Guten Tag, die Herren.«

»Geht's ab nach Hause, Jungs?«

»Na, was habt ihr Burschen heute wieder ausge-fressen?«

All diese Begrüßungen hatten ein gewisses Maß an Humorigkeit, aber es gab Unterschiede. Die Männer, die »Burschen« sagten, waren wohlgesonnener – oder wollten wohlgesonnener erscheinen – als die, die »Jungs« sagten. »Jungs« konnte Auftakt einer Standpauke sein, für nicht näher bezeichnete oder ganz bestimmte Vergehen. »Burschen« deutete an, dass der Sprecher selbst einmal jung gewesen war. »Herren« war reine Ironie und Herabsetzung, führte aber nicht zu Schelte, denn die Person, die das sagte, gab sich mit so etwas nicht ab.

Bei der Erwiderung schauten die Jungen nicht hö-her als bis zu den Handtaschen der Frauen und den Adamsäpfeln der Männer. Sie sagten laut und deut-lich »Hallo«, denn es konnte Ärger geben, wenn sie es nicht taten, und Fragen beantworteten sie mit »Ja, Sir« und »Nein, Sir« und »Nix Besondres«. Selbst an diesem Tag hatten solche Ansprachen für sie etwas Beängstigendes und Verwirrendes, und sie antworte-ten mit der üblichen Einsilbigkeit.

An einer bestimmten Ecke mussten sie sich tren-nen. Cece Ferns, der es immer am eiligsten hatte, nach Hause zu kommen, scherte als Erster aus. Er sagte: »Also bis nach dem Essen.«

Bud Salter sagte: »Ja. Dann müssen wir in die Stadt.«

Das hieß, wie alle verstanden: »In die Stadt aufs Polizeirevier.« Ohne miteinander beraten zu müssen, hatten sie sich offenbar für eine neue Vorgehensweise entschieden, eine schlichtere Art, ihre Neuigkeit zu berichten. Aber keiner sagte klar, dass er zu Hause nichts erzählen durfte. Es gab keinen guten Grund, warum Bud Salter oder Jimmy Box es nicht hätten tun sollen.

Cece Ferns erzählte zu Hause nie etwas.

Cece Ferns war ein Einzelkind. Seine Eltern waren älter als die der meisten Jungen, oder vielleicht erweckten sie aufgrund des zerstörerischen Lebens, das sie miteinander führten, nur den Eindruck, älter zu sein. Als er sich von den anderen Jungen trennte, verfiel Cece in Laufschritt, wie er es meistens auf dem letzten Stück des Heimweges tat. Das war nicht, weil er darauf brannte, nach Hause zu gelangen, oder weil er meinte, dadurch die Dinge bessern zu können. Vielleicht war es, damit die Zeit rascher verging, denn das letzte Stück musste für ihn voll böser Vorahnungen sein.

Seine Mutter war in der Küche. Gut. Sie lag nicht mehr im Bett, auch wenn sie immer noch im Morgenmantel umherging. Sein Vater war nicht da, und das war auch gut. Sein Vater arbeitete beim Getreidesilo und hatte ab Samstagmittag frei, und wenn er um diese Zeit noch nicht zu Hause war, dann war er wahrscheinlich gleich ins Cumberland gegangen. Das hieß, sie würden es erst am Abend mit ihm zu tun bekommen.

Der Vater von Cece hieß auch Cece Ferns. Das war in Walley ein weithin bekannter und im Allgemeinen mit Sympathie genannter Name, und falls jemand dreißig oder vierzig Jahre später eine Geschichte erzählte, würde er voraussetzen, dass alle wussten, von wem die Rede war, nämlich vom Vater, nicht vom Sohn. Wenn dann einer, der noch relativ neu in der Stadt war, sagte: »Das klingt gar nicht nach Cece«, würde man ihm antworten, dass niemand *diesen* Cece meinte.

»Nicht der, wir reden von seinem Alten.«

Sie redeten darüber, wie Cece Ferns mal ins Krankenhaus ging oder gebracht wurde, und zwar mit Lungenentzündung oder etwas ähnlich Schlimmem, und wie die Krankenschwestern ihn in nasse Handtücher und Laken wickelten, um das Fieber zu senken. Er schwitzte das Fieber aus, und alle Handtücher und Laken wurden braun. Das war das Nikotin in ihm. Die Krankenschwestern hatten so etwas noch nie gesehen. Cece war begeistert. Er behauptete, seit seinem zehnten Lebensjahr Tabak geraucht und Alkohol getrunken zu haben.

Und wie er mal in die Kirche ging. Es ließ sich schwer vorstellen, warum, aber es war die Baptistenkirche, und seine Frau war Baptistin, also vielleicht ging er ihr zuliebe hin, obwohl sich das noch schwerer vorstellen ließ. An jenem Sonntag wurde das Abendmahl abgehalten, und in der Baptistenkirche ist das Brot Brot, aber der Wein ist Traubensaft. »Was ist das denn?«, rief Cece Ferns laut. »Wenn das das Blut des Herrn ist, dann hatte der die Bleichsucht.«

Vorbereitungen für das Mittagessen waren in der Küche der Familie Fern s im Gange. Ein Laib Schnittbrot lag auf dem Tisch, und eine Dose mit gewürfelten Roten Beten war geöffnet worden. Ein paar Scheiben Jagdwurst waren gebraten worden – vor den Eiern, obwohl man sie hinterher braten musste – und wurden oben auf dem Herd ein wenig warm gehalten. Und jetzt hatte Ceces Mutter mit den Eiern angefangen. Sie stand über den Herd gebeugt, in der einen Hand hielt sie den Eierwender, mit der anderen hielt sie sich den schmerzenden Leib.

Cece nahm ihr den Eierwender aus der Hand und stellte die Kochplatte kleiner, denn sie war viel zu heiß. Er musste die Pfanne vom Herd nehmen, bis die Platte abgekühlt war, damit das Eiweiß nicht zu zäh wurde oder an den Rändern verbrannte. Er war nicht rechtzeitig gekommen, um das alte Fett auszuwischen und ein bisschen frisches Schmalz in die Pfanne zu geben. Seine Mutter wischte nie das alte Fett aus, sondern ließ es einfach von einer Mahlzeit zur anderen drin und tat nur, wenn es nötig wurde, etwas Schmalz hinzu.

Als die Hitze mehr nach seinem Geschmack war, stellte er die Pfanne auf die Platte und ruckelte die schaumigen Ränder der Eier zu säuberlichen Kreisen. Er fand einen sauberen Löffel und tröpfelte ein wenig heißes Fett über die Eigelbs, damit sie sich setzten. Er und seine Mutter mochten die Eier so gebraten, aber seine Mutter brachte es oft nicht zustande. Sein Vater mochte die Eier gewendet und flach wie Pfannkuchen, mit viel schwarzem Pfeffer und durchgebraten, bis sie hart wie Schuhsohlen waren. Cece konnte sie auch so, wie er sie mochte, braten.

Keiner der anderen Jungen wusste, wie anstellig er in der Küche war – ebenso wie keiner etwas von seinem Versteck wusste, das er sich draußen vor dem Haus angelegt hatte, in der Mauernische neben dem Wohnzimmerfenster, hinter der japanischen Berberitze.

Seine Mutter saß auf dem Stuhl neben dem Fenster, während er die Eier aufaß. Sie behielt die Straße im Auge. Es bestand immer noch die Möglichkeit, dass sein Vater nach Hause kam und etwas essen wollte. Und noch nicht betrunken war. Aber sein Verhalten hing nicht immer davon ab, wie betrunken er war. Käme er jetzt in die Küche, konnte es sein, dass er von Cece verlangte, ihm auch ein paar Eier zu machen. Dann fragte er ihn vielleicht, wo er denn seine Schürze hatte, und sagte ihm, dass er mal eine prächtige Ehefrau abgäbe. So würde er sich verhalten, wenn er gute Laune hatte. Wenn er andere Laune hatte, würde er von Anfang an Cece in einer bestimmten Art anstarren – nämlich mit übertrieben bedrohlicher Miene – und ihn warnen, ja aufzupassen.

»Du kommst dir wohl besonders schlau vor, wie? Ich sage dir nur, pass bloß auf.«

Wenn dann Cece seinen Blick erwiderte oder vielleicht auch nicht erwiderte, oder wenn er den Eierwender fallen ließ und klappernd hinlegte – oder sogar, wenn er umherschlich und sich besondere Mühe gab, nichts fallen zu lassen und kein Geräusch zu machen –, konnte es gut sein, dass sein Vater die Zähne fletschte und knurrte wie ein Hund. Eigentlich lächerlich – es *war* lächerlich, nur dass sein Vater es ernst meinte. Eine Minute später konnten Essen und Geschirr auf dem Fußboden liegen und Tisch und Stühle umgestürzt sein, und er konnte Cece rund durchs Zimmer jagen und brüllen, diesmal würde er ihn kriegen und sein Gesicht auf die heiße Herdplatte drücken, wie würde ihm das gefallen? Kein Zweifel, er war verrückt geworden. Aber wenn es in diesem Augenblick an die Tür klopfte – wenn zum Beispiel einer seiner Freunde kam, um ihn abzuholen –, dann glättete sich sein Gesicht im Nu, und er machte die Tür auf und rief mit lauter, zu Scherzen aufgelegter Stimme den Freund beim Namen.

»Bin im Handumdrehen bei dir. Würde dich hereinbitten, aber die Frau hat wieder mit Geschirr um sich geschmissen.«

Er erwartete nicht, dass ihm geglaubt wurde. Er sagte solche Dinge, um aus dem, was in seinem Haus passierte, einen Witz zu machen.

Ceces Mutter fragte ihn, ob es draußen wärmer wurde und wo er am Vormittag gewesen war.

»Ja«, sagte er, und: »In den Auen.«

Sie sagte, sie habe schon gemerkt, dass er nach Wind roch.

»Weißt du, was ich gleich nach dem Essen machen werde?«, sagte sie. »Ich werde mir eine Wärmflasche nehmen und mich gleich wieder hinlegen, vielleicht komme ich dann ja wieder zu Kräften und fühle mich gut genug, was zu tun.«

Das war, was sie nahezu immer sagte, doch stets verkündete sie es wie eine Idee, die ihr eben erst gekommen war, ein hoffnungsvoller Entschluss.

Bud Salter hatte zwei ältere Schwestern, die nie etwas Nützliches taten, außer seine Mutter zwang sie dazu. Und sie beschränkten ihre Beschäftigungen wie Haare frisieren, Nägel lackieren, Schuhe putzen, schminken oder sogar anziehen nie auf ihre Zimmer oder das Badezimmer. Sie verstreuten ihre Kämme und Lockenwickler und ihren Gesichtspuder und Nagellack und Schuhcreme über das ganze Haus.

Außerdem beluden sie jede Stuhllehne mit ihren frisch gebügelten Kleidern und Blusen und breiteten Handtücher mit ihren trocknenden Pullovern auf nahezu jedem freien Stück Fußboden aus. (Dann schrien sie dich an, wenn du in die Nähe kamst.) Sie bezogen vor verschiedenen Spiegeln Stellung – vor dem Spiegel in der Flurgarderobe, dem Spiegel im Wohnzimmerbüfett und dem Spiegel neben der Küchentür mit dem Bord darunter, das immer voller Sicherheitsnadeln, Haarklammern, Kupfermünzen, Knöpfe und Bleistiftstummel lag. Manchmal stand eine von ihnen ungefähr zwanzig Minuten lang vor einem Spiegel und überprüfte sich aus verschiedenen Blickwinkeln, betrachtete ihre Zähne und zog ihre Haare nach hinten und schüttelte sie wieder vor. Dann ging sie, offenbar zufrieden oder zumindest fertig, fort – aber nur bis ins nächste Zimmer, bis zum nächsten Spiegel, wo sie wieder von vorn anfing, als hätte sie einen neuen Kopf geliefert bekommen.

Gerade im Moment nahm sich seine ältere Schwester, die angeblich eine Schönheit war, vor dem Küchenspiegel die Nadeln aus dem Haar. Ihr Kopf saß voll mit glänzenden Wicklern wie Schnecken. Seine andere Schwester stampfte auf Anweisung seiner Mutter die Kartoffeln. Sein fünfjähriger Bruder saß schon am Tisch, hämmerte immer wieder mit Messer und Gabel auf den Tisch und schrie: »Wo bleibt die Bedienung. Wo bleibt die Bedienung.«

Das hatte er vom Vater, der das im Scherz sagte.

Bud ging am Stuhl seines Bruders vorbei und sagte leise: »Sieh mal. Sie tut wieder Klümpchen in den Kartoffelbrei.«

Er hatte seinen Bruder überzeugt, dass Klümpchen etwas waren, was man hinzutat, wie Rosinen an den Reispudding, aus einem Vorrat im Küchenschrank.

Sein Bruder hörte auf zu schreien und fing an zu jammern.

»Ich esse keinen, wenn sie Klümpchen reintut. Mama, ich esse keinen, wenn sie Klümpchen reintut.«

»Ach, hab dich nicht so«, sagte Buds Mutter. Sie briet gerade Apfelscheiben und Zwiebelringe mit den Schweinekoteletts. »Hör auf zu greinen wie ein Baby.«

»Bud hat ihn angestiftet«, sagte die ältere Schwester. »Bud hat ihm gesagt, sie täte Klümpchen rein. Jedes Mal erzählt Bud ihm so was, und er glaubt den Quatsch.«

»Bud sollte man eins aufs Maul hauen«, sagte Doris, die Schwester, die die Kartoffeln stampfte. Sie sagte solche Sachen nicht immer nur so dahin – sie hatte Bud einmal die ganze Wange aufgekratzt.

Bud ging zur Anrichte, wo ein Rhabarberkuchen abkühlte. Er nahm eine Gabel und fing an, vorsichtig, heimlich daran zu bohren, ließ den köstlichen

Dampf heraus, einen zarten Zimtgeruch. Er versuchte, eins der kleinen Luftlöcher in der Kruste zu öffnen, damit er von der Füllung kosten konnte. Sein Bruder sah, was er tat, hatte aber zu viel Angst, um etwas zu sagen. Sein Bruder wurde verhätschelt und von seinen Schwestern immerzu verteidigt – Bud war die einzige Person im Haus, vor der er Respekt hatte.

»Wo bleibt die Bedienung«, wiederholte er, aber jetzt leise und nachdenklich.

Doris kam zur Anrichte, um die Schüssel für den Kartoffelbrei zu holen. Bud machte eine unvorsichtige Bewegung, und ein Teil der Kruste stürzte ein.

»Jetzt macht er auch noch den Kuchen kaputt«, sagte Doris. »Mama – er macht deinen Kuchen kaputt.«

»Halt deinen gottverdammten Rand«, sagte Bud.

»Lass den Kuchen in Ruhe«, sagte Buds Mutter mit geübter, fast abgeklärter Strenge. »Hör auf zu fluchen. Hör auf, Unsinn zu erzählen. Werd erwachsen.«

Jimmy Box setzte sich mit vielen an den Tisch. Er und sein Vater und seine Mutter und seine vier und sechs Jahre alten Schwestern lebten in Großmutters Haus, mit seiner Großmutter und seiner Großtante Mary und seinem unverheirateten Onkel. Sein Vater hatte eine Fahrradwerkstatt im Schuppen auf dem

Hof, und seine Mutter arbeitete in Honeker's Warenhaus.

Jimmys Vater war verkrüppelt – das Ergebnis von Kinderlähmung mit zweiundzwanzig Jahren. Er ging stark gekrümmt und benutzte einen Krückstock. Das war nicht so zu merken, wenn er in seinem Laden arbeitete, weil man sich bei dieser Arbeit ohnehin oft vorbeugen musste. Wenn er auf der Straße ging, sah er sehr merkwürdig aus, aber niemand verhöhnte ihn oder ahmte ihn nach. Er war früher ein glänzender Hockey- und Baseballspieler gewesen, und etwas vom athletischen Heldentum der Vergangenheit umgab ihn immer noch, änderte den Blickwinkel auf seinen gegenwärtigen Zustand, sodass dieser als eine Phase gesehen werden konnte (wenn auch eine endgültige). Er trug zu dieser Wahrnehmung bei, indem er Witze riss und einen optimistischen Ton anschlug und die Schmerzen verleugnete, die sich in seinen eingesunkenen Augen abzeichneten und ihn viele Nächte lang wach hielten. Und anders als der Vater von Cece Ferns zog er keine anderen Saiten auf, sobald er sein Haus betrat.

Aber es war ja auch nicht sein Haus. Seine Frau hatte sich zwar vor seiner Erkrankung mit ihm verlobt, ihn aber erst hinterher geheiratet, und da schien es das Naheliegendste, zu ihrer Mutter zu ziehen, damit die Mutter sich um die Kinder kümmern konnte, die vielleicht kamen, während die Frau weiter zur Arbeit ging. Auch der Mutter der Frau schien es das Naheliegendste, eine weitere Familie auf sich zu nehmen – ebenso wie es naheliegend schien, dass ihre Schwester Mary zu ihnen ins Haus zog, als ihre Augen immer schlechter wurden, und dass ihr Sohn Fred, der außergewöhnlich schüchtern war, weiterhin zu Hause wohnen blieb, bis er etwas fand, das ihm besser gefiel. Es war dies eine Familie, die Bürden der einen oder anderen Art sogar noch klagloser hinnahm als das Wetter. Niemand in diesem Haus hätte die körperliche Verfassung von Jimmys Vater oder die schlechten Augen von Tante Mary als Bürde oder Problem bezeichnet, ebenso wenig wie Freds Schüchternheit. Nachteile und Unglücksfälle durften nicht bemerkt, nicht von ihrem Gegenteil unterschieden werden.

In der Familie herrschte traditionell der Glaube, Jimmys Großmutter sei eine hervorragende Köchin, und das mochte einst gestimmt haben, hatte aber in den letzten Jahren deutlich nachgelassen. Die Sparsamkeit regierte in einem Ausmaß, für das jetzt keine Notwendigkeit mehr bestand. Jimmys Mutter und sein Onkel bekamen ordentliche Gehälter, seine Tante Mary erhielt eine Rente, und im Fahrradgeschäft gab es gut zu tun, aber statt drei Eiern wurde eins genommen, und der Falsche Hase musste eine zusätzliche Tasse Hafermehl verkraften. Es gab den Versuch, dies wettzumachen, indem mit der Worcestersoße übertrieben oder zu viel Muskatnuss auf den Vanillepudding gestreut wurde. Aber niemand beklagte sich. Alle lobten. Klagen waren in diesem Haus so selten wie Kugelblitze. Und alle sagten »Verzeihung«, sogar die kleinen Mädchen sagten »Verzeihung«, wenn sie miteinander zusammenstießen. Alle baten und dankten und reichten sich am Tisch zu, als wäre jeden Tag Besuch da. So kamen sie miteinander aus in diesem Haus, wo sie auf engstem Raum zusammengepfercht waren, mit vielen Jacken auf jedem Haken und Mänteln über dem Treppengeländer, mit Behelfsbetten für Jimmy und seinen Onkel Fred als dauerhafter Einrichtung im Wohnzimmer und einem Büfett, begraben unter einer Last von Kleidungsstücken, die darauf warteten, gebügelt oder geflickt zu werden. Niemand polterte auf der Treppe oder knallte die Türen oder stellte das Radio laut oder sagte etwas Unangenehmes.

Erklärte das, warum Jimmy an diesem Samstag beim Essen den Mund hielt? Sie hielten alle den Mund, alle drei. Bei Cece war das leicht zu verstehen. Sein Vater hätte nie geduldet, dass Cece eine so wichtige Entdeckung für sich in Anspruch nahm. Er hätte ihn selbstverständlich einen Lügner genannt. Und Ceces Mutter, die alles nach der Wirkung beurteilte, die es auf seinen Vater haben konnte, hätte – vollkommen richtig – erkannt, dass sogar sein Gang aufs Polizeirevier einen häuslichen Krach auslösen würde, und ihn also gebeten, doch ja zu schweigen. Aber die anderen beiden Jungen lebten in recht geordneten Verhältnissen und hätten sprechen können. In Jimmys Haus wäre das auf Bestürzung und einige Missbilligung gestoßen, aber bald hätten alle eingeräumt, dass es nicht Jimmys Schuld war.

Buds Schwestern hätten gefragt, ob er bescheuert wäre. Sie hätten vielleicht sogar die Situation bis zu dem Vorwurf verdreht, dass es ihm, bei seinen ekligen Angewohnheiten, ähnlich sah, eine Leiche zu finden. Sein Vater war jedoch ein vernünftiger, geduldiger Mann, gewohnt, sich bei seiner Arbeit als Güterabfertiger auf dem Bahnhof viele seltsame Schauergeschichten anhören zu müssen. Er hätte Buds Schwestern zum Schweigen gebracht und nach einem ernsten Gespräch, um sicherzugehen, dass Bud die Wahrheit sagte und nicht übertrieb, die Polizei angerufen.

Es lag einfach daran, dass ihre Häuser ihnen zu voll vorkamen. Zu viel ging bereits vor sich. Das traf auf das Haus von Cece Ferns ebenso wie auf die anderen zu, denn selbst die Abwesenheit von Ceces Vater war ununterbrochen beherrscht von den Erinnerungen, den Drohungen seiner tollwütigen Anwesenheit.

»Hast du's gesagt?«
»Und du?«

»Ich auch nicht.«

Sie gingen ins Stadtzentrum und achteten nicht darauf, welchen Weg sie nahmen. Sie bogen in die Shipka Street und merkten plötzlich, dass sie an dem verputzten Bungalow vorbeiliefen, in dem Mr. und Mrs. Willens wohnten. Sie erkannten ihn erst, als sie unmittelbar davor waren. Er hatte zu beiden Seiten der Haustür ein kleines Erkerfenster und eine Vortreppe, die breit genug für zwei Gartenstühle war. Jetzt standen sie nicht da, aber an Sommerabenden saßen Mr. Willens und seine Frau darin. Auf der einen Seite des Hauses war ein Anbau, mit einem Flachdach und einer weiteren Haustür, zu der ein eigener Weg führte. Auf einem Schild neben dieser Tür stand D. M. WILLENS, OPTIKER. Keiner der Jungen hatte je diese Praxis aufgesucht, aber Jimmys Tante Mary ging dort regelmäßig um ihre Augentropfen hin, und seine Großmutter hatte dort ihre Brille bekommen. Ebenso die Mutter von Bud Salter.

Der Putz hatte eine schmutzig rosa Farbe, und die Türen und Fensterrahmen waren braun gestrichen. Die zusätzlichen Winterfenster waren noch nicht abgenommen worden, nicht anders als bei den meisten Häusern in der Stadt. Das Haus hatte nichts Besonderes an sich, doch der Garten war berühmt für seine Blumen. Mrs. Willens war eine renommierte Gärtnerin, die ihre Blumen nicht in langen Reihen neben den Gemüsebeeten pflanzte, wie es Jimmys Großmutter und Buds Mutter taten. Bei ihr wuchsen sie in Rundbeeten und in Halbmondbeeten und überall, sogar noch in den Baumtellern. In ein paar Wochen würden die Osterglocken den Rasen füllen. Aber gegenwärtig stand nur der Forsythienstrauch an der Ecke des Hauses in Blüte. Er war fast so hoch wie die Dachkante, und er sprühte Gelb in die Luft, wie aus einem Springbrunnen Wasser schießt.

Die Forsythie schüttelte sich, aber nicht vom Wind, und heraus kam eine gebeugte, braune Gestalt. Es war Mrs. Willens in ihren alten Gartensachen, eine rundliche kleine Frau in ausgebeulter Hose und abgewetzter Jacke und einer Schirmmütze, die vielleicht ihrem Mann gehört hatte – sie rutschte ihr in die Stirn und verdeckte fast die Augen. In der Hand hielt sie eine Gartenschere.

Die Jungen verharrten – es gab nur das oder wegrennen. Vielleicht dachten sie, sie würden nicht gesehen werden, sie könnten sich in Zaunpfähle verwandeln. Aber Mrs. Willens hatte sie bereits gesehen, deswegen kam sie angehastet.

»Ich sehe, ihr gafft meine Forsythie an«, sagte Mrs. Willens. »Möchtet ihr was davon für zu Hause?«

Was sie angegafft hatten, war nicht die Forsythie, sondern die ganze Szene – das Haus, das wie immer aussah, das Schild neben der Praxistür, die Gardinen, die Licht einließen. Nichts Unheimliches oder Unheilverkündendes, nichts, was besagte, dass Mr. Willens nicht im Haus und sein Auto nicht in der Garage war, sondern im Skagerrakteich. Und Mrs. Willens draußen bei der Gartenarbeit, wo alle in der Stadt sie erwarten würden, sobald der Schnee geschmolzen war. Und sie rief mit ihrer vertrauten, tabakrauen Stimme, abrupt und fordernd, aber nicht unfreundlich – eine Stimme, die man schon von weitem erkannte und in jedem Laden heraushörte.

»Wartet«, sagte sie. »Wartet, ich hole euch welche.«

Sie begann, geschickt und wählerisch die leuchtendgelben Zweige abzuschneiden, und als sie genug beisammen hatte, kam sie hinter einem Wandschirm aus Blüten auf die Jungen zu.

»Hier«, sagte sie. »Bringt die euren Müttern. Es ist immer gut, Forsythien zu sehen, sie sind im Frühling das Allererste.« Sie teilte die Zweige zwischen ihnen auf. »Wie Gallien«, sagte sie. »Gallien ist in drei Teile geteilt. Das müsst ihr schon kennen, wenn ihr Latein habt.«

»Wir sind noch nicht in der Highschool«, sagte Jimmy, dessen häusliches Leben ihn besser als die anderen darauf vorbereitet hatte, mit Damen zu reden.

»Noch nicht?«, sagte sie. »Na, dann habt ihr noch vieles vor euch, auf das ihr euch freuen könnt. Sagt euren Müttern, sie sollen sie in lauwarmes Wasser stellen. Ach, das wissen die sicher. Ich habe euch

43

Zweige gegeben, die noch nicht ganz aufgeblüht sind, also werden sie sich bestimmt lange halten.«

Sie bedankten sich – Jimmy als Erster, die anderen taten es ihm nach. Sie gingen mit beladenen Armen weiter zum Stadtzentrum. Sie hatten nicht die Absicht, umzukehren und die Blumen nach Hause zu bringen, und sie verließen sich darauf, dass Mrs. Willens nicht genau wusste, wo sie zu Hause waren. Eine halbe Querstraße weiter blickten sie sich verstohlen um, ob sie ihnen nachschaute.

Sie tat es nicht. Außerdem versperrte das große Haus dicht am Bürgersteig die Sicht.

Die Forsythien gaben ihnen zu grübeln. Die Peinlichkeit, sie herumzutragen, das Problem, sie loszuwerden. Sonst hätten sie über Mr. Willens und Mrs. Willens nachgrübeln müssen. Wie konnte sie in ihrem Garten arbeiten und er in seinem Auto ertrunken sein? Wusste sie, wo er war, oder wusste sie es nicht? Eigentlich konnte sie es gar nicht wissen. Wusste sie überhaupt, dass er fort war? Sie hatte sich verhalten, als wäre nichts passiert, überhaupt nichts, und als die drei Jungen vor ihr standen, war ihnen das wie die Wahrheit vorgekommen. Was sie wussten, was sie gesehen hatten, verlor allein dadurch, dass Mrs. Willens es nicht wusste, für sie an Kraft, an Wahrscheinlichkeit.

Zwei Mädchen auf Fahrrädern kamen um die Ecke gebogen. Eins davon war Buds Schwester Doris. Die

Mädchen begannen sofort zu johlen und zu kreischen.

»Ach, seht mal die Blumen«, schrien sie. »Wo ist die Hochzeit? Seht mal die hübschen Brautjungfern.«

Bud brüllte das Schlimmste zurück, das ihm einfiel.

»Du hast den Hintern voll Blut.«

Das stimmte natürlich nicht, aber einmal war es wirklich so gewesen – sie war aus der Schule mit Blut auf dem Rock nach Hause gekommen. Alle hatten es gesehen, und es geriet nie in Vergessenheit.

Er war überzeugt, dass sie ihn zu Hause verpetzen würde, aber sie tat es nicht. Sie schämte sich wegen dieses Vorkommnisses so sehr, dass sie nicht davon sprechen konnte, nicht einmal, um ihn in Schwierigkeiten zu bringen.

Den Jungen wurde klar, dass sie die Blumen sofort loswerden mussten, also warfen sie die Zweige einfach unter ein parkendes Auto. Sie streiften sich ein paar verirrte Blütenblätter von den Kleidern, als sie auf den Marktplatz kamen.

Samstage waren damals noch von Bedeutung; sie brachten die Landbevölkerung in die Stadt. Autos parkten schon um den Marktplatz herum und in den Seitenstraßen. Große Jungen und Mädchen vom Lande und kleinere Kinder aus der Stadt und der

Umgebung strebten zur Nachmittagsvorstellung ins Kino.

Es ging nicht anders, sie mussten an Honeker's Warenhaus im ersten Häuserblock vorbei. Und da, weithin sichtbar in einem der Schaufenster, erblickte Jimmy seine Mutter. Schon wieder bei der Arbeit, rückte sie den Hut auf einer weiblichen Schaufensterpuppe gerade, richtete den Schleier und nestelte dann an den Schultern des Kleides. Sie war eine kleine Frau und musste sich auf die Zehenspitzen stellen, um das ordentlich zu machen. Sie hatte die Schuhe ausgezogen, um auf den Schaufensterteppich zu treten. Man konnte durch ihre Strümpfe die rosigen, rundlichen Polster ihrer Hacken sehen, und wenn sie sich streckte, sah man durch den Schlitz in ihrem Rock ihre Kniekehlen. Darüber kam ein breiter, aber wohlgestalteter Hintern und der Umriss ihres Schlüpfers oder Hüfthalters. Jimmy konnte im Geiste die leisen Ächzer hören, die sie bestimmt ausstieß; außerdem konnte er die Strümpfe riechen, die sie manchmal auszog, sobald sie nach Hause kam, um sie vor Laufmaschen zu bewahren. Strümpfe und Unterwäsche, sogar saubere weibliche Unterwäsche, hatten einen schwachen, intimen Geruch, der zugleich anziehend und widerlich war.

Er hoffte auf zwei Dinge. Dass die anderen sie nicht bemerkten (sie hatten sie bemerkt, aber die Vorstellung von einer Mutter, jeden Tag fein angezogen und

46

draußen im öffentlichen Leben der Stadt, war ihnen so fremd, dass sie sich nicht dazu äußern konnten) und dass seine Mutter sich ja nicht, bitte nicht umdrehte und ihn entdeckte. Wenn sie das tat, dann war sie nämlich imstande, ans Glas zu klopfen und stumm »Hallo« zu rufen. Bei der Arbeit verlor sie ganz die häusliche Verschwiegenheit, die ruhige Sanftmut. Ihre sonst so milde Freundlichkeit bekam etwas Keckes, Kokettes. Früher hatte ihn das fasziniert, ihre andere Seite, ihr Frohsinn, ebenso wie Honeker's Warenhaus mit den großflächigen Ladentischen aus Glas und lackiertem Holz, den breiten Spiegeln am oberen Ende der Treppe, in denen er sich zu den Damenmoden im ersten Stock hochsteigen sah.

»Da ist ja mein kleiner Racker«, rief dann seine Mutter immer und steckte ihm manchmal ein Zehncentstück zu. Er durfte nie länger als eine Minute bleiben, denn es konnte sein, dass Mr. oder Mrs. Honeker aufpassten.

Mein kleiner Racker.

Worte, die einst so angenehm geklungen hatten wie das Klimpern von Fünf- und Zehncentstücken, waren jetzt insgeheim beschämend.

Das Warenhaus lag glücklich hinter ihnen.

Im nächsten Häuserblock mussten sie am Duke of Cumberland vorbei, aber Cece war unbesorgt. Wenn sein Vater zur Mittagszeit nicht nach Hause gekommen war, hieß das, er würde noch stundenlang da drin sein. Doch das Wort »Cumberland« fiel immer wie ein schwarzer Schatten auf sein Gemüt. Seit einer Zeit, als er noch gar nicht wusste, was es bedeutete, gab es ihm das Gefühl, sorgenschwer zu stürzen. Der Fall einer Last, die tief unten auf dunkles Wasser schlug.

Zwischen dem Cumberland und dem Rathaus lag eine ungepflasterte Gasse, und auf der Rückseite des Rathauses befand sich das Polizeirevier. Sie bogen in diese Gasse ein, und bald drang neuer Lärm an ihre Ohren und übertönte den Straßenlärm. Er kam nicht aus dem Cumberland – der Lärm darin drang kaum nach außen, denn das Bierlokal hatte nur kleine, hochgelegene Fenster wie eine öffentliche Toilette. Er kam aus dem Polizeirevier. Die Tür zum Revier stand wegen des milden Wetters offen, und sogar draußen auf der Gasse konnte man den Pfeifentabak und die Zigarren riechen. Es waren nicht nur Polizisten, die in der Wachstube saßen, besonders an Samstagnachmittagen, wenn im Winter der Ofen brannte und im Sommer der Ventilator ging und die Tür offen stand, um an einem angenehmen Tag wie heute die frische Luft hereinzulassen. Colonel Box war mit Sicherheit da – sie hörten sogar schon die Pfeifgeräusche, die er von sich gab, den langgezogenen Nachhall seines asthmatischen Gelächters. Er war ein Verwandter von Jimmy, aber das Verhältnis hatte sich abgekühlt, weil er die Heirat von Jimmys Vater nicht guthieß.

48

Mit Jimmy, wenn er ihn überhaupt erkannte, sprach er in erstauntem, ironischem Tonfall. »Sollte er dir einen Vierteldollar oder etwas anbieten, sagst du, du brauchst das nicht«, hatte Jimmys Mutter ihm eingeschärft. Aber Colonel Box hatte noch nie solch ein Angebot gemacht.

Außerdem war bestimmt Mr. Pollock da, der früher den Drugstore gehabt hatte und jetzt Rentner war, und Fergus Solley, der nicht schwachsinnig war, aber so aussah, weil er im Ersten Weltkrieg Gas abbekommen hatte. Den ganzen Tag lang saßen diese Männer und noch andere da und spielten Karten, rauchten, erzählten Geschichten und tranken Kaffee auf Kosten der Stadt (wie Buds Vater sagte). Jeder, der eine Beschwerde vorbringen oder eine Anzeige erstatten wollte, musste es unter ihren Augen und wahrscheinlich auch vor ihren Ohren tun.

Spießrutenlaufen.

Vor der offenen Tür blieben sie beinahe stehen. Niemand hatte sie bemerkt. Colonel Box sagte: »Ich bin noch nicht tot«, und wiederholte den letzten Satz einer Geschichte. Langsam, mit gesenkten Köpfen, gingen sie an der Tür vorbei und stießen nach Schottersteinchen. Erst als sie um die Ecke des Gebäudes gebogen waren, schritten sie rascher aus. Neben dem Eingang vom Pissoir klebte ein frischer Strahl von klumpigem Erbrochenem an der Wand, und auf dem Schotter standen leere Flaschen. Sie mussten zwischen den Mülltonnen und den hohen, wachsamen Fenstern vom Büro des Stadtdirektors hindurch, und dann waren sie vom Schotter herunter und wieder auf dem Marktplatz.

»Ich hab Geld«, sagte Cece. Diese sachliche Mitteilung brachte allen Erleichterung. Cece klimperte mit den Münzen in seiner Tasche. Es war das Geld, das seine Mutter ihm gegeben hatte, nachdem er das Geschirr abgewaschen und ins Schlafzimmer geschaut hatte, um ihr zu sagen, dass er wegging. »Nimm dir fünfzig Cent von der Kommode«, hatte sie gesagt. Manchmal hatte sie Geld, obwohl er nie sah, dass sein Vater ihr welches gab. Und immer, wenn sie »Nimm dir« sagte oder ihm ein paar Münzen zusteckte, begriff Cece, dass sie sich für ihr Leben schämte, für ihn und vor ihm schämte, und in diesen Momenten hasste er sie regelrecht (obwohl er froh über das Geld war). Besonders, wenn sie sagte, dass er ein guter Junge war und nicht denken dürfte, sie sei ihm nicht dankbar für alles, was er tat.

Sie nahmen die Straße, die zum Hafen hinunterführte. Neben Paquette's Tankstelle stand eine Bude, in der Mrs. Paquette Hot Dogs, Eiscreme, Süßigkeiten und Zigaretten verkaufte. Sie hatte sich geweigert, ihnen Zigaretten zu verkaufen, auch als Jimmy sagte, sie seien für seinen Onkel Fred. Aber sie nahm ihnen nicht übel, dass sie es versucht hatten. Sie war eine dicke, hübsche Frau, eine Frankokanadierin.

Sie kauften ein paar Lakritzstangen, schwarze und rote. Später, wenn sie vom Mittagessen nicht mehr so satt waren, wollten sie sich auch noch Eis kaufen. Sie gingen hinüber zu der Stelle, wo am Zaun zwei alte Autositze aufgestellt waren, unter einem Baum, der im Sommer Schatten spendete. Sie teilten sich die Lakritzstangen.

Captain Tervitt saß auf dem anderen Sitz.

Captain Tervitt war wirklich einmal Kapitän gewesen, viele Jahre lang, auf einem der Frachtschiffe auf den Großen Seen. Jetzt arbeitete er als Hilfspolizist. Er hielt die Autos an, um die Kinder vor der Schule über die Straße zu lassen, und er hinderte die Kinder daran, im Winter die Seitenstraße hinunterzurodeln. Er blies in seine Trillerpfeife und hielt die große Hand hoch, die in einem weißen Handschuh steckte und wie eine Clownshand aussah. Er war immer noch groß und gerade und breitschultrig, wenn auch alt und weißhaarig. Autos machten, was er sagte, und Kinder auch.

Nachts ging er herum und überprüfte die Türen aller Läden, um sich zu überzeugen, dass sie abgeschlossen waren und dass niemand drinnen war und einen Einbruch verübte. Am Tage schlief er oft in aller Öffentlichkeit. Bei schlechtem Wetter schlief er in der Stadtbücherei, und bei gutem suchte er sich einen Sitzplatz im Freien. Er verbrachte nicht viel Zeit auf dem Polizeirevier, wahrscheinlich, weil er zu schwerhörig war, um den Gesprächen ohne sein Hörgerät im Ohr folgen zu können, und wie viele schwerhörige Menschen hasste er sein Hörgerät. Außerdem war er es natürlich gewohnt, allein zu sein und von der Brücke seines Schiffes den Blick über die Großen Seen schweifen zu lassen.

Seine Augen waren geschlossen und sein Kopf nach hinten geneigt, damit ihm die Sonne ins Gesicht schien. Als sie hinübergingen, um mit ihm zu reden (und die Entscheidung, das zu tun, wurde – abgesehen von einem resignierten und zweifelnden Blickwechsel – ohne jede Beratung getroffen), mussten sie ihn aus seinem Nickerchen aufwecken. Er brauchte einen Moment, um sich zu besinnen – wo und wann und wer. Dann zog er eine große, altmodische Uhr aus der Tasche, als rechnete er darauf, dass Kinder immer wissen wollten, wie spät es war. Aber sie redeten weiter auf ihn ein, mit aufgeregten Mienen und etwas verschämt. Sie sagten: »Mr. Willens is draußen im Skagerrakteich« und »Wir ham's Auto gesehn« und »Ertrunken«. Er musste die Hand erheben und beruhigende Bewegungen machen, während die andere in der Hosentasche grub und mit dem Hörgerät herauskam. Er nickte ihnen ernst, ermutigend zu, als wollte er sagen: Geduld, Geduld, während er sich das Gerät ins Ohr steckte. Dann hob er beide Hände – Seid still, seid still –, während er es ausprobierte. Schließlich ein weiteres Kopfnicken, von forscherer Art, und mit strenger Stimme – wobei er sich über seine Strenge bis zu einem gewissen Grad lustig machte – sagte er: »Dann man los.«

Ausgerechnet Cece, der Stillste von den dreien – wie Jimmy der Höflichste war und Bud der Vorlauteste – war es, der alles herumriss.

»Ihr Hosenstall is auf«, sagte er.

Dann johlten alle drei und rannten fort.

Ihr Übermut verschwand zwar nicht gleich, war jedoch nichts, was sie miteinander teilen oder bereden konnten: Sie mussten sich trennen.

Cece ging nach Hause, um an seinem Versteck zu arbeiten. Der im Winter hartgefrorene Pappfußboden war jetzt aufgeweicht und musste ersetzt werden. Jimmy kletterte auf den Dachboden der Garage, wo er vor kurzem eine Kiste mit alten Doc-Savage-Heften entdeckt hatte, die einmal seinem Onkel Fred gehört hatten. Bud ging nach Hause und traf niemanden an, nur seine Mutter, die den Fußboden des Esszimmers bohnerte. Er sah sich etwa eine Stunde lang Comichefte an, dann erzählte er es ihr. Er glaubte, dass seine Mutter außerhalb ihres Hauses keinerlei Erfahrung oder Kompetenz besaß und erst entscheiden würde, was zu tun sei, nachdem sie seinen Vater angerufen hatte. Zu seiner Überraschung rief sie sofort die Polizei an. Erst danach rief sie seinen Vater an. Und jemand ging Cece und Jimmy holen.

Ein Polizeiauto fuhr von der Landstraße ab zum Skagerrak, und alles bestätigte sich. Ein Polizist und der anglikanische Pfarrer gingen zu Mrs. Willens.

»Ich mochte Sie nicht behelligen«, soll Mrs. Willens gesagt haben. »Ich wollte ihm noch bis Einbruch der Dunkelheit geben.«

Sie erzählte ihnen, dass Mr. Willens tags zuvor aufs Land gefahren war, um einem alten blinden Mann Augentropfen zu bringen. Manchmal wurde er aufgehalten, sagte sie. Er machte Besuche, oder das Auto hatte eine Panne.

War er lebensmüde oder so etwas? fragte der Polizist sie.

»Ganz bestimmt nicht«, sagte der Pfarrer. »Er war die tragende Säule des Kirchenchors.«

»Dieses Wort gab es in seinem Wortschatz nicht«, sagte Mrs. Willens.

Es wurde viel darüber geredet, dass die Jungen sich hingesetzt und ihr Mittagbrot gegessen und kein Wort gesagt hatten. Und dann auch noch Lakritzstangen gekauft hatten. Ein neuer Spitzname – Totmann – wurde gefunden und jedem von ihnen verliehen. Jimmy und Bud trugen ihn, bis sie aus der Stadt fortgingen, und Cece – der jung heiratete und beim Getreidesilo arbeitete – erlebte, wie er auf seine beiden Söhne überging. Zu der Zeit dachte niemand mehr daran, worauf er sich bezog. Die Frechheit gegenüber Captain Tervitt blieb ein Geheimnis.

Jeder der drei erwartete einen Denkzettel, einen gebieterischen Blick der Verletzung oder Verurteilung, als sie das nächste Mal unter seinem erhobenen Arm vorbeigehen mussten, um die Straße zur Schule zu überqueren. Aber er hielt mit gewohnter, wohlwollender Gemessenheit die behandschuhte Hand hoch, seine vornehme weiße Clownshand. Er erteilte seine Erlaubnis.

Dann man los.

II. Herzversagen

»Glomerulonephritis« schrieb Enid in ihr Tagebuch. Es war der erste Fall, den sie je gesehen hatte. Mrs. Quinns Nieren versagten, und daran war nichts zu machen. Ihre Nieren vertrockneten und verwandelten sich in harte und nutzlose, körnige Klumpen. Ihr Urin war zurzeit spärlich und hatte ein rauchiges Aussehen, und der Geruch, der mit ihrem Atem und durch ihre Haut ausströmte, war beißend und unheilverkündend. Und da war noch ein anderer, schwächerer Geruch nach verfaultem Obst, der für Enid mit den blassen, lavendelbraunen Flecken verbunden schien, die sich auf ihrem Körper bildeten. Ihre Beine zuckten in plötzlichen Schmerzkrämpfen, und ihre Haut wurde von heftigem Juckreiz gepeinigt, sodass Enid sie mit Eis abreiben musste. Sie wickelte das Eis in Handtücher und drückte es auf die quälenden Stellen.

»Wie zieht man sich solch eine Krankheit überhaupt zu?«, fragte Mrs. Quinns Schwägerin. Sie hieß Mrs. Green. Olive Green. (Es war ihr nie in den Sinn gekommen, wie sich das anhören würde, sagte sie, bis sie verheiratet war und plötzlich alle darüber lachten.) Sie lebte auf einer ein paar Meilen entfernten Farm, draußen am Highway, und sie kam alle paar Tage und nahm die Bettwäsche und Handtücher und Nachthemden zum Waschen mit nach Hause. Sie wusch auch die Sachen der Kinder und brachte alles frischgebügelt und zusammengelegt zurück. Sie bügelte sogar die Borten an den Nachthemden. Enid war ihr dankbar – sie hatte Stellungen gehabt, wo sie die Wäsche selbst erledigen oder, schlimmer noch, ihrer Mutter aufbürden musste, die sie dann in die Stadt brachte und dafür bezahlte. Da sie nicht unhöflich sein wollte, aber merkte, in welche Richtung die Fragen zielten, antwortete sie: »Das lässt sich schwer sagen.«

»Denn man hört ja so allerhand«, sagte Mrs. Green. »Man hört ja, dass Frauen manchmal bestimmte Tabletten nehmen. Sie bekommen sie verschrieben, wenn ihre Regel sich verspätet hat, und wenn sie sie so nehmen, wie der Doktor gesagt hat, und für einen guten Zweck, dann ist es in Ordnung, aber wenn sie zu viele nehmen und für einen schlechten Zweck, dann machen sie sich die Nieren kaputt. Hab ich recht?«

»Ich bin nie mit solch einem Fall in Berührung gekommen«, sagte Enid.

Mrs. Green war eine große, korpulente Frau. Wie ihr Bruder Rupert, der Mann von Mrs. Quinn, hatte sie ein rundes, stupsnasiges Gesicht mit Lachfältchen – die Sorte, die Enids Mutter »Kartoffel-irisch« nannte. Aber hinter Ruperts gutmütiger Miene verbargen sich Vorsicht und Verschlossenheit. Und hinter der von Mrs. Green Sehnsucht. Enid wusste nicht, wonach. Ins einfachste Gespräch trug Mrs. Green ein großes Verlangen. Vielleicht war es nur ein Verlangen nach Neuigkeiten. Neuigkeiten von etwas Bedeutsamem. Einem Ereignis.

Natürlich stand ein Ereignis bevor, etwas zumindest für diese Familie Bedeutsames. Mrs. Quinn lag im Sterben, mit 27 Jahren. (Das war das Alter, das sie sich selbst gab – Enid hätte einige Jahre dazugetan, aber sobald eine Krankheit so weit fortgeschritten war, ließ sich das Alter schwer schätzen.) Wenn ihre Nieren zu arbeiten aufhörten, würde ihr Herz versagen, und sie würde sterben. Der Arzt hatte zu Enid gesagt: »Sie werden bis in den Sommer zu tun haben, aber es besteht Aussicht, dass Sie ein bisschen Urlaub machen können, bevor das warme Wetter vorbei ist.«

»Rupert hat sie kennengelernt, als er rauf in den Norden gegangen ist«, sagte Mrs. Green. »Er hat sich ganz allein aufgemacht und im Wald gearbeitet. Sie war dort in einem Hotel, ich weiß nicht, als was. Zimmermädchen oder so. Sie ist dort aber nicht aufgewachsen – sie sagt, sie ist in einem Waisenhaus in Montreal aufgewachsen. Dafür kann sie ja nichts. Man sollte meinen, dass sie Französisch beherrscht, aber wenn, dann lässt sie sich's nicht anmerken.«

Enid sagte: »Ein interessantes Leben.«

»Das können Sie laut sagen.«

»Ein interessantes Leben«, sagte Enid laut. Manchmal konnte sie nicht anders – sie probierte es mit einem Witz, auch wenn kaum eine Chance bestand, dass er ankam. Sie zog ermutigend die Augenbrauen hoch, und tatsächlich lächelte Mrs. Green.

Aber war sie gekränkt? Es war genau das Lächeln, das Rupert immer aufsetzte, in der Highschool, um möglichem Gespött vorzubeugen.

»Davor hatte er nie irgendeine Freundin«, sagte Mrs. Green.

Enid war mit Rupert in eine Klasse gegangen, obwohl sie das gegenüber Mrs. Green nicht erwähnte. Inzwischen war ihr das ein wenig peinlich, denn damals war er einer der Jungen – sogar der am meisten betroffene –, den sie und ihre Freundinnen geneckt und gehänselt hatten. »Gepiesackt«, wie sie immer sagten. Sie hatten Rupert gepiesackt, liefen ihm auf der Straße nach und riefen: »Hallo, Rupert. Hallo, Ru-pert«, bereiteten ihm Höllenqualen und sahen zu, wie sein Nacken rot anlief. »Rupert hat Scharlach«, sagten sie dann. »Rupert, du musst in Quarantäne.« Und sie taten so, als wäre eine von ihnen – Enid, Joan McAuliffe oder Marian Denny – in ihn verknallt. »Sie will dir was sagen, Rupert. Warum verabredest du dich nicht mit ihr? Du könntest sie wenigstens mal anrufen. Sie ist ganz verrückt danach, mit dir zu reden.«

Sie erwarteten eigentlich nicht, dass er auf diese Annäherungsversuche einging. Aber welche Freude, wenn er es getan hätte. Er wäre prompt abgewiesen worden, und sie hätten die Geschichte in der ganzen Schule herumtrompetet. Warum? Warum behandelten sie ihn so, wollten ihn unbedingt demütigen? Einfach, weil es in ihrer Macht stand.

Ausgeschlossen, dass er es vergessen hatte. Er behandelte Enid jedoch, als wäre sie eine neue Bekanntschaft, die Krankenpflegerin seiner Frau, von irgendwoher in sein Haus gekommen. Und Enid passte sich ihm an.

Alles hier war ungewöhnlich gut geregelt worden, um ihr zusätzliche Arbeit zu ersparen. Rupert übernachtete in Mrs. Greens Haus und nahm auch seine Mahlzeiten dort ein. Die beiden kleinen Mädchen hätten auch dort wohnen können, aber dann hätten sie die Schule wechseln müssen – und es waren nur noch etwa vier Wochen bis zum Ende des Schuljahres und dem Beginn der Sommerferien.

Rupert kam abends ins Haus und sprach mit ihnen.

»Seid ihr auch brave Mädchen?«, fragte er.

»Zeig Daddy, was du mit deinen Bauklötzchen gemacht hast«, sagte Enid. »Zeig Daddy deine Bilder im Malbuch.«

Die Bauklötzchen, die Buntstifte, die Malbücher wurden alle von Enid gestellt. Sie hatte ihre Mutter angerufen und sie gebeten, in den alten Truhen nach Brauchbarem zu suchen. Ihre Mutter hatte das getan und außerdem ein altes Buch mit Ausschneidepuppen mitgebracht, das sie sich bei jemandem abgeholt hatte – die Prinzessinnen Elisabeth und Margaret Rose und ihre umfangreiche Garderobe. Enid hatte die kleinen Mädchen nicht dazu bewegen können, danke zu sagen, bis sie all diese Dinge auf ein hohes Bord packte und verkündete, dort würden sie bleiben, bis sich bedankt wurde. Lois und Sylvie waren sieben und sechs Jahre alt und wild wie kleine Scheunenkatzen.

Rupert erkundigte sich nicht, woher das Spielzeug kam. Er schärfte seinen Töchtern ein, brav zu sein, und fragte Enid, ob sie etwas aus der Stadt brauchte. Einmal erzählte sie ihm, dass sie die Glühbirne über der Kellertreppe ausgewechselt hatte und dass er ihr neue mitbringen möchte.

»Das hätte ich doch machen können«, sagte er.

»Ich habe keine Probleme mit Glühbirnen«, sagte

Enid. »Oder mit Sicherungen oder damit, einen Nagel einzuschlagen. Meine Mutter und ich kommen jetzt schon ziemlich lange ohne einen Mann im Haus zurecht.« Sie wollte ihn ein wenig necken, freundlich sein, aber es kam nicht an.

Schließlich erkundigte sich Rupert immer nach seiner Frau, und Enid berichtete dann, dass ihr Blutdruck ein wenig gesunken war oder dass sie am Abend ein paar Bissen von einem Omelett gegessen und bei sich behalten hatte oder dass die Eispackungen ihren Juckreiz zu lindern schienen und sie besser schlief. Und Rupert sagte dann, wenn sie schliefe, ginge er lieber nicht hinein.

Enid sagte: »Unsinn.« Ihren Mann zu sehen sei für eine Frau viel besser als ein Nickerchen. Dann ging sie mit den Kindern hinauf und brachte sie zu Bett, um den Eheleuten miteinander Zeit zu geben. Aber Rupert blieb nie länger als ein paar Minuten. Und wenn Enid wieder herunterkam und ins Wohnzimmer – jetzt das Krankenzimmer – ging, um die Patientin für die Nacht herzurichten, lag Mrs. Quinn in ihren Kissen und sah hektisch, aber nicht unzufrieden aus.

»Er drückt sich nicht lange hier rum, wie?«, sagte Mrs. Quinn dann. »Da muss ich doch lachen. Ha-ha-ha, wie geht's dir? Ha-ha-ha, weg bin ich. Warum schaffen wir sie nicht raus und schmeißen sie auf den Misthaufen? Warum beseitigen wir sie nicht einfach wie eine tote Katze? Das denkt er doch. Stimmt's?«

»Das bezweifle ich«, sagte Enid und brachte die Waschschüssel und die Handtücher, den Franzbranntwein und den Babypuder.

»Das bezweifle ich«, sagte Mrs. Quinn voller Tücke, ließ sich aber bereitwillig das Nachthemd ausziehen, das Haar aus dem Gesicht streichen und ein Handtuch unter die Hüften schieben. Enid war es gewohnt, dass die Leute sich anstellten, nackt zu sein, auch wenn sie sehr alt oder sehr krank waren. Manchmal musste sie sie mit Frotzeleien oder Vorhaltungen zur Vernunft bringen. »Meinen Sie, ich habe noch nie einen Unterleib gesehen?«, sagte sie dann. »Unterleib, Oberkörper, nach einer Weile wird das ziemlich langweilig. Wissen Sie, wir sind eben nur auf die eine oder die andere Art gemacht.« Aber Mrs. Quinn war frei von Scham, spreizte die Beine und hob den Po etwas an, um Enid die Arbeit zu erleichtern. Sie war eine kleine, zartknochige Frau, jetzt sonderbar verformt, der Leib und die Glieder aufgetrieben und die Brüste zu kleinen Beuteln verschrumpelt mit Brustwarzen wie Korinthen.

»Aufgedunsen wie'n Schwein«, sagte Mrs. Quinn. »Bis auf meine Titten, und die waren immer ziemlich nutzlos. Hatte nie große Euter, so wie Sie. Ekeln Sie sich nicht vor mir? Werden Sie nicht froh sein, wenn ich tot bin?«

»Wenn ich so dächte, wäre ich nicht hier«, sagte Enid.

»Das rechte Ende für schlechtes Fleisch«, sagte Mrs. Quinn. »Das werdet ihr alle sagen. Das rechte Ende für schlechtes Fleisch. Ich bin doch für ihn zu nichts mehr nütze. Ich bin für keinen Mann mehr zu was nütze. Jeden Abend verschwindet er und geht Frauen aufgabeln, was?«

»Soweit ich weiß, geht er ins Haus seiner Schwester.«

»Soweit Sie wissen. Aber Sie wissen nicht viel.«

Enid meinte zu wissen, was es damit auf sich hatte, mit dieser Bosheit und Gehässigkeit, der Kraft, die sie sich zum Geifern aufsparte. Mrs. Quinn schlug nach einem Feind um sich. Kranke Menschen entwickelten einen Groll gegen gesunde Menschen, und manchmal gab es das zwischen Eheleuten oder sogar zwischen Müttern und ihren Kindern. Im Falle von Mrs. Quinn sowohl gegenüber dem Ehemann als auch den Kindern. An einem Samstagmorgen rief Enid Lois und Sylvie von ihren Spielen unter der Veranda herein, damit sie kamen und sahen, wie hübsch ihre Mutter war. Mrs. Quinn hatte gerade ihre Morgenwäsche hinter sich und steckte in einem sauberen Nachthemd, ihr feines, spärliches blondes Haar war zurückgebürstet und wurde von einem blauen Band zusammengehalten. (Enid nahm einen Vorrat von diesen Bändern mit, wenn sie eine Patientin pflegen ging – außerdem eine Flasche Eau de Cologne und ein Stück parfümierte Seife.) Mrs. Quinn war wirklich hübsch – oder man konnte zumindest sehen, dass sie einmal hübsch gewesen war, mit der breiten Stirn und den markanten Wangenknochen (sie durchbohrten jetzt fast die Haut, wie Türknöpfe aus Porzellan) und den großen grünlichen Augen und den durchscheinenden Kinderzähnen und dem kleinen, trotzigen Kinn.

Die Kinder kamen gehorsam, wenn auch nicht begeistert ins Zimmer.

Mrs. Quinn sagte: »Die sollen mir ja von meinem Bett wegbleiben, die sind schmutzig.«

»Sie wollen Sie nur sehen«, sagte Enid.

»So, jetzt haben sie mich gesehen«, sagte Mrs. Quinn. »Jetzt können sie wieder gehen.«

Dieses Verhalten schien die Kinder nicht zu überraschen oder zu enttäuschen. Sie sahen Enid an, und Enid sagte: »Also dann, eure Mutter muss sich jetzt ausruhen«, und die beiden rannten hinaus und knallten die Küchentür zu.

»Können Sie denen nicht beibringen, das zu lassen?«, sagte Mrs. Quinn. »Das ist jedes Mal wie ein Ziegelstein, der mir gegen die Brust fliegt.«

Man hätte meinen können, dass ihre beiden Töchter zwei ungebärdige Waisenkinder waren, die man ihr für unbegrenzte Zeit aufgehalst hatte. Aber so waren manche Menschen, bevor sie sich ins Sterben fügten, und manchmal sogar bis zu dem Ereignis selbst. Menschen von – zumindest dem Anschein nach – sanfterem Wesen als Mrs. Quinn sagten unter Umständen, dass sie wussten, wie sehr ihre Brüder, Schwestern, Ehemänner, Ehefrauen und Kinder sie schon immer gehasst hatten, welche Enttäuschung sie schon immer für andere und andere für sie gewesen waren, und wie froh alle sein würden, wenn sie endlich weg wären. Sie sagten das unter Umständen am Ende eines friedlichen, arbeitsamen Lebens inmitten einer liebevollen Familie, in der es überhaupt keine Erklärung für solche Anfälle gab. Und für gewöhnlich gingen diese Anfälle vorüber. Aber oft gab es in den letzten Wochen oder sogar Tagen des Lebens Grübeleien über alte Fehden und Kränkungen oder Greinen über eine vor siebzig Jahren erlittene ungerechte Strafe. Einmal hatte eine Frau Enid gebeten, ihr einen mit chinesischen Motiven bemalten Porzellanteller aus dem Geschirrschrank zu holen, und Enid hatte gedacht, dass sie sich ein letztes Mal vom Anblick dieses einzigen schönen Gegenstandes in ihrem Haushalt trösten lassen wollte. Aber wie sich herausstellte, wollte sie ihre letzte, überraschende Kraft dazu benutzen, um ihn am Bettpfosten zu zertrümmern.

»Jetzt weiß ich, dass meine Schwester ihn nie in die Finger kriegt«, sagte sie.

Und oft äußerten die Menschen, dass Besucher nur kamen, um sich schadenfroh an ihnen zu weiden, und dass der Doktor für ihre Leiden verantwort-

lich war. Sie hassten schon allein Enids Anblick, um
ihrer schlaflosen Stärke und geduldigen Hände willen und der Art, wie die Lebenssäfte in ihr so bewun-
dernswert ausgewogen und kräftig flossen. Enid war
das gewohnt, und sie war fähig, die Not zu verstehen,
in der sie sich befanden, die Not des Sterbens und
auch die Not ihres Lebens, die ihr Sterben manchmal
überschattete.

Aber bei Mrs. Quinn war Enid ratlos.

Nicht nur, dass sie hier keinen Trost spenden
konnte. Sie vermochte es auch nicht zu wollen. Sie
konnte ihre Abneigung gegen diese zum Tode verurteilte, unglückliche junge Frau nicht überwinden. Sie
verabscheute diesen Körper, den sie waschen und
pudern und mit Eis und Franzbranntwein besänfti-
gen musste. Sie verstand jetzt, was die Leute meinten,
wenn sie sagten, dass sie Krankheit und kranke Körper hassten; sie verstand die Frauen, die zu ihr gesagt
hatten: Ich weiß nicht, wie Sie das aushalten, ich
könnte nie Krankenpflegerin sein, das ist das Einzige,
was ich nie könnte. Sie verabscheute diesen einen
Körper und alle Symptome seiner Krankheit. Seinen
Geruch und seine Verfärbung, die bösartig aussehenden kleinen Brustwarzen und die kümmerlichen,
frettchenartigen Zähne. Sie sah all das als Zeichen
einer willentlich herbeigeführten Verderbnis. Sie war
genauso schlimm wie Mrs. Green und witterte zügel-
lose Verworfenheit. Und das, obwohl sie als Kranken-

schwester es besser wusste, obwohl es ihre Aufgabe war – und sicher auch ihrem Wesen entsprach –, Mitleid zu empfinden. Sie wusste nicht, warum das so war. Mrs. Quinn erinnerte sie ein wenig an Mädchen, die sie in der Highschool gekannt hatte – billiggekleidete, ungesund aussehende Mädchen mit trostloser Zukunft, die trotzdem eine freche Selbstzufriedenheit an den Tag legten. Sie hielten sich nur ein oder zwei Jahre lang – dann wurden sie schwanger, die meisten von ihnen heirateten. Enid hatte in späteren Jahren einige von ihnen gepflegt, bei Hausgeburten, und festgestellt, dass ihr Selbstvertrauen geschwunden und ihr dreistes Aufbegehren zu Fügsamkeit oder sogar Frömmigkeit geworden war. Sie taten ihr leid, auch wenn Enid sich daran erinnerte, wie sehr sie darauf bedacht gewesen waren, das zu bekommen, was sie dann bekommen hatten.

Mrs. Quinn war ein schwererer Fall. Mrs. Quinn mochte immer weiter verfallen, doch es kam nur trotzige Böswilligkeit zum Vorschein, nur Fäulnis.

Schlimmer noch als die Tatsache, dass Enid diesen Abscheu empfand, war die Tatsache, dass Mrs. Quinn es wusste. Nichts, was Enid an Geduld oder Sanftmut oder Fröhlichkeit aufbot, konnte Mrs. Quinn dieses Wissen nehmen. Und Mrs. Quinn machte dieses Wissen zu ihrem Triumph.

Das rechte Ende für schlechtes Fleisch.

Als Enid zwanzig Jahre alt war und ihre Ausbildung zur Krankenschwester fast abgeschlossen hatte, lag ihr Vater im Krankenhaus von Walley im Sterben. Er sagte zu ihr: »Ich weiß nicht, ob ich viel von deinem Beruf halte. Ich will nicht, dass du in so was arbeitest.«

Enid beugte sich über ihn und fragte ihn, was er mit so was meinte. »Das ist das Krankenhaus von Walley«, sagte sie.

»Das weiß ich«, sagte ihr Vater und hörte sich dabei so ruhig und vernünftig wie immer an (er vermittelte Versicherungen und Grundstücke). »Ich weiß, wovon ich rede. Versprich mir, dass du es lässt.«

»Dass ich was lasse?«, fragte Enid.

»Diese Art Arbeit«, sagte ihr Vater. Sie konnte ihm keine weitere Erklärung entlocken. Er kniff den Mund zusammen, als widerte ihn ihre Fragerei an. Er sagte nur noch: »Versprich es mir.«

»Was hat er denn nur?«, fragte Enid ihre Mutter, und ihre Mutter sagte: »Ach, mach nur. Mach nur und versprich es ihm. Was ändert das schon?«

Enid fand diese Äußerung schockierend, sagte aber nichts dazu. Diese Worte standen in Einklang mit der Haltung ihrer Mutter gegenüber vielen Dingen.

»Ich werde nichts versprechen, was ich nicht verstehe«, sagte sie. »Ich werde wahrscheinlich sowieso nichts versprechen. Aber wenn du weißt, wovon er redet, musst du es mir sagen.«

»Das ist nur so eine Vorstellung, die er jetzt hat«,

sagte ihre Mutter. »Er hat die Vorstellung, dass Krankenpflege eine Frau ordinär macht.«

»Ordinär«, sagte Enid.

Ihre Mutter sagte, der Teil der Krankenpflege, den ihr Vater ablehnte, sei der vertraute Umgang, den Krankenschwestern mit Männerkörpern hatten. Ihr Vater war zu der Überzeugung gelangt, dass solcher Umgang ein Mädchen veränderte und darüber hinaus die Meinung veränderte, die die Männer von diesem Mädchen hatten. Das würde ihre guten Aussichten verderben und ihr eine Reihe anderer Aussichten eröffnen, die weniger gut waren. Einige Männer würden das Interesse verlieren, und andere würden sich auf die falsche Art für sie interessieren.

»Ich vermute, es hängt alles damit zusammen, dass er dich verheiratet sehen möchte«, sagte ihre Mutter.

»Wenn das so ist, hat er Pech gehabt«, sagte Enid.

Aber am Ende versprach sie es doch. Und ihre Mutter sagte: »Ich hoffe, das macht dich glücklich.« Nicht »macht ihn glücklich«. »Macht *dich*.« Ihre Mutter schien vor Enid gewusst zu haben, wie verlockend dieses Versprechen sein würde. Das Versprechen am Sterbebett, die Selbstverleugnung, das umfassende Opfer. Und je absurder, desto besser. All dem hatte sie nachgegeben. Und auch nicht (so deutete ihre Mutter an) aus Liebe zu ihrem Vater, sondern wegen des Schauders. Schiere edelmütige Unnatur.

»Wenn er dich gebeten hätte, etwas aufzugeben,

woran dir ohnehin nicht viel liegt, hättest du es ihm wahrscheinlich rundweg abgeschlagen«, sagte ihre Mutter. »Wenn er dich zum Beispiel gebeten hätte, keinen Lippenstift mehr zu benutzen. Du würdest ihn immer noch benutzen.«

Enid hörte sich das mit geduldiger Miene an.

»Hast du deswegen gebetet?«, fragte ihre Mutter scharf.

Enid antwortete mit Ja.

Sie verließ die Schwesternschule; sie blieb zu Hause und machte sich nützlich. Es war genug Geld vorhanden, sodass sie nicht arbeiten gehen musste. Ursprünglich war es ihre Mutter, die nicht gewollt hatte, dass Enid Krankenschwester wurde, mit der Begründung, das sei nur etwas für arme Mädchen, ein Ausweg für Mädchen, deren Eltern sich nicht leisten konnten, sie zu Hause zu behalten oder aufs College zu schicken. Enid erinnerte sie nicht an diese Widersprüchlichkeit. Sie strich einen Zaun an, sie hüllte die Rosensträucher für den Winter ein. Sie lernte backen, und sie lernte Bridge spielen und nahm in den wöchentlichen Partien, die ihre Mutter mit Mr. und Mrs. Willens von nebenan spielte, den Platz ihres Vaters ein. Binnen kürzester Zeit wurde sie – wie Mr. Willens sagte – eine beschämend gute Spielerin. Er gewöhnte sich an, mit Schokolade oder einer rosa Rose für sie zu kommen, um sich für seine Unzulänglichkeiten als Partner zu entschuldigen.

An den Winterabenden ging sie Schlittschuh laufen. Sie spielte Badminton.

Es hatte ihr nie an einem Freundeskreis gemangelt, und so auch jetzt nicht. Die meisten von denen, die mit ihr in der Abschlussklasse der Highschool gewesen waren, beendeten jetzt das College oder arbeiteten bereits in anderen Städten als Lehrer oder Krankenschwestern oder Steuerberater. Aber sie freundete sich mit anderen an, die vor dem letzten Jahr die Schule verlassen hatten, um in Banken oder Läden oder Büros zu arbeiten, um Klempner oder Putzmacherinnen zu werden. Die Mädchen in dieser Gruppe fielen wie die Fliegen, wie sie voneinander sagten – sie fielen in den Ehestand. Enid bewährte sich als Organisatorin der Brautgeschenke und Hilfe bei den Nähnachmittagen für die Aussteuer. In ein paar Jahren würden die Taufen kommen, wo sie erwarten konnte, die bevorzugte Patin zu werden. Kinder, die nicht mit ihr verwandt waren, würden aufwachsen und sie Tante nennen. Und für Frauen, so alt wie ihre Mutter oder älter, war sie bereits eine Art Ehrentochter, die einzige junge Frau, die für den Buchklub und die Gesellschaft der Gartenfreunde Zeit hatte. So rutschte sie noch in ihrer Jugend rasch und leicht in diese wesentliche, zentrale und doch isolierte Rolle.

Aber eigentlich war das schon immer ihre Rolle gewesen. In der Highschool war sie jedes Jahr Klas-

sensprecherin oder -organisatorin gewesen. Sie war
beliebt und lebhaft und gutgekleidet und hübsch,
aber sie stand ein wenig abseits. Zu ihrem Freundeskreis gehörten auch Jungen, aber sie hatte nie einen
Freund. Sie schien sich in dieser Richtung nicht entschieden zu haben, aber sie machte sich deswegen
auch keine Sorgen. Sie wurde ganz von ihrem Ehrgeiz
in Anspruch genommen – Missionarin zu werden, in
einer peinlichen Phase, und dann, Krankenschwester
zu werden. Sie hatte in der Krankenpflege nie nur etwas gesehen, was sie bis zu ihrer Heirat tun konnte.
Ihre Hoffnung war es, gut zu sein und Gutes zu tun,
und das nicht unbedingt in der geordneten, üblichen
weiblichen Weise.

Am Silvesterabend ging sie in den Rathaussaal tanzen. Der Mann, der am häufigsten mit ihr tanzte und
sie nach Hause brachte und ihr zum Abschied die
Hand drückte, war der Leiter der Molkerei – ein
Mann in den Vierzigern, nie verheiratet, ein ausge-
zeichneter Tänzer, ein onkelhafter Freund der Mädchen, die nur schwer Partner fanden. Keine Frau
nahm ihn je ernst.

»Vielleicht solltest du einen kaufmännischen Kurs
machen«, sagte ihre Mutter. »Oder warum gehst du
nicht aufs College?«

Wo die Männer sie vielleicht eher zu schätzen
wussten, dachte sie bestimmt.

»Ich bin zu alt«, sagte Enid.

Ihre Mutter lachte. »Das zeigt nur, wie jung du bist«, sagte sie. Es schien sie zu erleichtern, dass ihre Tochter etwas von der ihrem Alter gemäßen Hysterie zeigte – dass sie vermeinte, einundzwanzig sei unendlich weit entfernt von achtzehn.

»Ich werde nicht mit den Halbwüchsigen aus der Highschool herumtrotten«, sagte Enid. »Das ist mein Ernst. Warum willst du mich überhaupt loswerden? Ich fühle mich hier wohl.« Dieser Eigenwille oder Trotz schien ihrer Mutter ebenfalls Genugtuung zu bereiten. Doch einen Augenblick später seufzte sie und sagte: »Du wirst überrascht sein, wie schnell die Jahre vergehen.«

In jenem August gab es zahlreiche Fälle von Masern und mehrere Fälle von Kinderlähmung. Der Arzt, der ihren Vater betreut hatte und dem ihre Anstelligkeit und Tüchtigkeit im Krankenhaus aufgefallen war, fragte sie, ob sie bereit wäre, eine Weile lang auszuhelfen und Patienten zu Hause zu pflegen. Sie sagte, sie würde es sich überlegen.

»Du meinst beten?«, fragte ihre Mutter, und Enids Gesicht nahm einen trotzigen, verschlossenen Ausdruck an, der bei einem anderen Mädchen vielleicht etwas mit einem Rendezvous zu tun gehabt hätte.

»Dieses Versprechen«, sagte sie am nächsten Tag zu ihrer Mutter. »Das ging doch darum, in einem Krankenhaus zu arbeiten, nicht?«

Ihre Mutter sagte, dass sie es so verstanden hatte, ja.

»Und um das Examen und dann staatlich geprüfte Krankenschwester zu sein?«

Ja, ja.

Wenn also Menschen Pflege brauchten, die es sich nicht leisten konnten, ins Krankenhaus zu gehen, oder das nicht wollten, und wenn Enid zu ihnen ins Haus ging, um sie zu pflegen, nicht als staatlich geprüfte Krankenschwester, sondern als das, was man eine praktisch ausgebildete Krankenschwester nannte, dann würde sie doch ihr Versprechen eigentlich nicht brechen, oder? Und da die meisten der Pflegebedürftigen Kinder sein würden, oder Frauen, die gerade ein Baby bekommen hatten, oder alte Leute, die im Sterben lagen, würde für sie kaum die Gefahr bestehen, ordinär zu werden, nicht wahr?

»Wenn die einzigen Männer, die du zu sehen bekommst, solche sind, die nie wieder aus dem Bett aufstehen werden, dann hast du nicht Unrecht«, sagte ihre Mutter.

Aber sie konnte sich nicht verkneifen hinzuzufügen, all das bedeute nur, dass Enid beschlossen hatte, die Möglichkeit einer guten Stellung im Krankenhaus aufzugeben, um in elenden, primitiven Häusern elende Knochenarbeit für schändlich wenig Geld zu leisten. Enid würde sich gezwungen sehen, Wasser aus verseuchten Brunnen zu pumpen und im Winter das Eis in Waschbecken aufzuhacken und im

Sommer Fliegen zu bekämpfen und eine Außentoilette zu benutzen. Waschbretter und Petroleumlampen statt Waschmaschinen und elektrischem Licht. Die Plackerei, unter diesen Umständen Kranke und den Haushalt und dazu noch arme, wieselige Kinder zu versorgen.

»Aber wenn das dein Lebensziel ist«, sagte sie, »weiß ich schon, je schlimmer ich es dir ausmale, desto fester wird dein Entschluss, es zu tun. Als Einziges werde auch ich dich bitten, mir zwei Dinge zu versprechen. Versprich mir, dein Trinkwasser immer abzukochen. Und keinen Farmer zu heiraten.«

Enid sagte: »Wie kommst du denn bloß darauf?«

Das war vor sechzehn Jahren. In den ersten dieser Jahre wurden die Leute immer ärmer. Immer mehr von ihnen konnten es sich nicht leisten, ins Krankenhaus zu gehen, und die Häuser, in denen Enid arbeitete, waren oft so heruntergekommen, wie ihre Mutter sie beschrieben hatte. Bettwäsche und Windeln mussten von Hand gewaschen werden, weil die Waschmaschine kaputtgegangen war und nicht repariert werden konnte oder weil der Strom abgestellt worden war oder weil es dort noch nie elektrischen Strom gegeben hatte. Enid arbeitete nicht ohne Bezahlung, denn das wäre den anderen Frauen gegenüber, die die gleiche Pflegearbeit leisteten und nicht ihre Möglichkeiten hatten, ungerecht gewesen. Aber das meiste dieses Geldes gab sie zurück, in Form von

Kinderschuhen und Wintermänteln und Zahnarzt-
besuchen und Spielzeug zu Weihnachten.

Ihre Mutter ging herum und akquirierte bei ihren
Freundinnen alte Kinderbettchen und Kinderstühle
und Decken und durchgelegene Laken, die sie selbst
in Stücke riss und umsäumte, um daraus Windeln zu
machen. Alle sagten, wie stolz sie auf Enid sein
müsse, und sie antwortete, ja, gewiss.

»Aber manchmal ist es ein teuflisches Stück Arbeit«, sagte sie. »Die Mutter einer Heiligen zu sein.«

Dann kam der Krieg, und die große Knappheit an
Ärzten und Schwestern, und Enid war gefragter denn
je. Wie auch noch eine Weile lang nach dem Krieg, als
so viele Babys geboren wurden. Erst jetzt, da die
Krankenhäuser erweitert wurden und auf vielen Far-
men der Wohlstand einkehrte, sah es so aus, als
könnten ihre Aufgaben auf die Pflege derer zusam-
menschrumpfen, die von absonderlichen und hoff-
nungslosen Leiden geplagt wurden oder die so abso-
lut unausstehlich waren, dass die Krankenhäuser sie
hinausgeworfen hatten.

In diesem Sommer gab es alle paar Tage einen kräfti-
gen Wolkenbruch, danach kam die Sonne wieder
glühend heiß hervor und glitzerte auf nassem Laub
und Gras. Am frühen Morgen herrschte dichter Nebel – der Fluss war hier sehr nah –, und auch wenn

der Nebel sich lichtete, konnte man in keiner Richtung sehr weit sehen, durch den Überfluss und die Dichte des Sommers. Die schweren Bäume, die von Ranken und wildem Wein überwucherten Sträucher, die Mais-, Gerste- und Weizenfelder, die Weiden. Alles war früher dran, wie die Leute sagten. Das Gras konnte schon im Juni gemäht werden, und Rupert musste sich sputen, um das Heu in die Scheune zu bringen, bevor der Regen es verdarb.

Abends kam er immer später ins Haus, denn er arbeitete, solange das Tageslicht vorhielt. Als er eines Nachts kam, lag das Haus im Dunkeln, bis auf eine Kerze, die auf dem Küchentisch brannte.

Enid eilte, um ihm die Fliegentür aufzuhaken.

»Stromausfall?«, fragte Rupert.

»Pst«, sagte Enid. Sie flüsterte ihm zu, dass sie die Kinder unten schlafen ließ, weil die Zimmer oben so heiß waren. Sie hatte die Stühle zusammengerückt und mit Decken und Kissen zu Betten gemacht. Und natürlich hatte sie das Licht ausschalten müssen, damit sie einschlafen konnten. In einer der Schubladen hatte sie eine Kerze gefunden, und mehr brauchte sie nicht, um für die Eintragungen in ihr Tagebuch sehen zu können.

»Sie werden sich immer daran erinnern, hier geschlafen zu haben«, sagte sie. »Man erinnert sich immer daran, wenn man als Kind woanders geschlafen hat.«

Er stellte einen Karton hin, der einen Deckenventilator für das Krankenzimmer enthielt. Er war nach Walley gefahren, um ihn zu besorgen. Er hatte auch eine Zeitung gekauft, die er Enid gab.

»Dachte mir, vielleicht wollen Sie wissen, was in der Welt vorgeht«, sagte er.

Sie breitete die Zeitung auf dem Tisch aus, neben ihrem Tagebuch. Auf einem Foto spielten Hunde in einem Springbrunnen.

»Hier steht, wir haben eine Hitzewelle«, sagte sie. »Ist es nicht schön, das zu erfahren?«

Rupert zog vorsichtig den Ventilator aus dem Karton.

»Der ist ja wunderbar«, sagte sie. »Jetzt hat es sich da drin abgekühlt, aber morgen wird er ihr große Erleichterung verschaffen.«

»Ich komme morgen früh vorbei, um ihn anzubringen«, sagte er. Dann fragte er sie, wie es seiner Frau an diesem Tag gegangen sei.

Enid sagte, dass die Schmerzen in ihren Beinen nachgelassen hatten und dass die neuen Tabletten, die der Arzt ihr verschrieben hatte, sie offenbar etwas zur Ruhe kommen ließen. »Allerdings schläft sie sehr früh ein«, sagte sie. »Das macht es Ihnen schwer, etwas von Ihrem Besuch zu haben.«

»Besser, sie ruht sich aus«, sagte Rupert.

Dieses geflüsterte Gespräch erinnerte Enid an Gespräche in der Highschool, als sie beide in der letzten

Klasse waren und jenes frühere Hänseln oder grausame Kokettieren, oder was es auch war, lange hinter ihnen lag. In diesem ganzen letzten Jahr hatte Rupert auf dem Platz hinter ihr gesessen, und sie hatten oft miteinander gesprochen, kurz und immer zu einem unmittelbaren Zweck. Hast du einen Tintenratze? Wie schreibt man »Parallele«? Wo ist das Tyrrhenische Meer? Für gewöhnlich war es Enid, die diese Gespräche anfing, sich halb umdrehte und nicht sehen, nur spüren konnte, wie nah Rupert war. Sie wollte sich wirklich einen Radiergummi borgen, sie brauchte Informationen, aber sie wollte auch Kontakt aufnehmen. Und sie wollte etwas wiedergutmachen – sie schämte sich dafür, wie sie und ihre Freundinnen ihn behandelt hatten. Sich zu entschuldigen, kam nicht in Frage – das würde ihn nur wieder in Verlegenheit stürzen. Er fühlte sich nur wohl, wenn er hinter ihr saß und wusste, dass sie ihm nicht ins Gesicht schauen konnte. Wenn sie sich auf der Straße begegneten, sah er bis zum letzten Moment weg und murmelte dann die leiseste Begrüßung, während sie »Hallo, Rupert« posaunte und ein Echo jener quälenden Töne hörte, die sie verbannen wollte.

Aber wenn er ihr tatsächlich mit dem Finger auf die Schulter tippte, damit sie ihm zuhörte, wenn er sich vorbeugte und ihr kräftiges Haar, das selbst kurzgeschnitten ungebärdig war, fast oder vielleicht wirklich berührte – sie war sich nicht ganz sicher –, dann hatte sie das Gefühl, ihr war vergeben worden. Sie fühlte sich sogar geehrt. Wieder ernst genommen und geachtet.

Wo, wo genau liegt das Tyrrhenische Meer?

Sie fragte sich, ob er sich jetzt überhaupt noch daran erinnerte.

Sie teilte die Zeitung in die vorderen und die hinteren Seiten auf. Margaret Truman besuchte England und hatte vor der königlichen Familie geknickst. Die Ärzte des Königs versuchten, dessen Buerger-Krankheit mit Vitamin E zu heilen.

Sie bot Rupert die vorderen Seiten an. »Ich werde mir das Kreuzworträtsel vornehmen«, sagte sie. »Ich mache gern Kreuzworträtsel – das entspannt mich am Ende des Tages.«

Rupert setzte sich und begann die Zeitung zu lesen, und sie fragte ihn, ob er eine Tasse Tee wolle. Nur keine Umstände, sagte er natürlich, aber sie brühte trotzdem welchen auf, denn sie verstand, dass diese Antwort in der ländlichen Ausdrucksweise sehr wohl ein Ja bedeuten konnte.

»Das Thema ist Südamerika«, sagte sie und studierte das Kreuzworträtsel. »Lateinamerika. Eins waagerecht ist ein musikalischer … *Vorsprung*. Ein musikalischer Vorsprung? Vorsprung. Viele Buchstaben. Ah! Ich habe Glück heute Abend. Kap Horn!

Da sehen Sie, wie albern sie sind, diese Dinger«, sagte sie und stand auf und schenkte Tee ein.

Falls er sich doch erinnerte, nahm er ihr noch etwas übel? Vielleicht war ihm ihre unbeschwerte Freundlichkeit im letzten Schuljahr ebenso unangenehm gewesen, ebenso überheblich vorgekommen wie jene frühere Verhöhnung?

Als sie ihn zum ersten Mal in diesem Haus sah, dachte sie, dass er sich nicht sehr verändert hatte. Früher war er ein großer, kräftig gebauter Junge mit rundem Gesicht, und nun war er ein großer, schwerer Mann mit rundem Gesicht. Da er die Haare immer sehr kurz getragen hatte, war kaum zu merken, dass es weniger geworden waren und ihr Hellbraun sich in Graubraun verwandelt hatte. Eine dauerhafte Sonnenbräune war an die Stelle seiner Schamröte getreten. Und wenn ihm etwas zu schaffen machte und sich auf seinem Gesicht zeigte, dann vielleicht dasselbe wie damals – das Problem, in der Welt Raum einzunehmen und einen Namen zu haben, bei dem andere ihn rufen konnten, jemand zu sein, den andere zu kennen meinten.

Enid dachte daran, wie sie alle in der letzten Klasse saßen. Einer mittlerweile kleinen Klasse – in fünf Jahren waren die Lernfaulen, die Achtlosen und die Gleichgültigen abgebröckelt, hatten Platz gemacht für diese groß gewordenen, ernsten und gelehrigen Kinder, die Trigonometrie und Latein büffelten. Was hatten sie für Vorstellungen von dem Leben, auf das sie sich vorbereiteten? Was hatten sie für Vorstellungen von dem, was einmal aus ihnen werden würde?

Enid sah immer noch den dunkelgrünen, abgegriffenen Einband eines Buchs mit dem Titel *Geschichte der Renaissance und der Reformation* vor sich. Es war schon durch manche, durch viele Hände gegangen – niemand kaufte sich je ein neues Lehrbuch. Auf der Innenseite hatten sämtliche Vorbesitzer ihre Namen eingetragen, einige davon inzwischen Hausfrauen oder Ladenbesitzer in mittleren Jahren. Unvorstellbar, dass diese Leute sich mit so etwas beschäftigt oder »Das Edikt von Nantes« mit roter Tinte unterstrichen und »N. B.« an den Rand geschrieben hatten. *Das Edikt von Nantes.* Die völlige Nutzlosigkeit, die absurde Fremdartigkeit der Dinge in jenen Büchern und in den Köpfen der Schüler, damals auch in ihrem und in Ruperts Kopf, erfüllten Enid mit liebevoller Verwunderung. Nicht, dass sie sich vorgenommen hatten, etwas zu sein, was sie nicht geworden waren. Nichts dergleichen. Rupert hatte sich bestimmt nichts anderes vorgestellt, als seine Farm zu bewirtschaften. Es war eine gute Farm, und er war der einzige Sohn. Und sie selbst tat am Ende genau das, was sie offenbar schon damals hatte tun wollen. Man konnte nicht sagen, dass sie das falsche Leben gewählt oder gegen ihren Willen gewählt oder ihre Wahl nicht verstanden hatten. Sie hatten nur nicht verstanden, wie die Zeit vergehen und aus ihnen nicht mehr, sondern vielleicht ein bisschen weniger machen würde.

»»Brot des Amazonas‹«, sagte sie. »»Brot des Amazonas‹?«

Rupert sagte: »Maniok?«

Enid zählte nach. »Sieben Buchstaben«, sagte sie. »Sieben.«

Er sagte: »Kassawa?«

»Kassawa? Mit Doppel-s? Kassawa.«

Mrs. Quinn wurde täglich launischer mit dem Essen. Manchmal sagte sie, sie wolle Toast oder Bananen mit Milch darüber. Eines Tages verlangte sie Erdnussbutterplätzchen. Enid bereitete alle diese Dinge zu – notfalls konnten die Kinder sie essen –, und wenn sie fertig waren, konnte Mrs. Quinn ihren Anblick oder Geruch nicht ertragen. Sogar Wackelpeter hatte einen Geruch, den sie nicht ertragen konnte.

An manchen Tagen hasste sie alle Geräusche; sie wollte nicht einmal, dass der Ventilator lief. An anderen Tagen wollte sie Radio hören, sie wollte den Sender, der Hörerwünsche zu Geburtstagen und Hochzeitstagen erfüllte und Leute anrief, um ihnen Fragen zu stellen. Wenn man die richtige Antwort wusste, gewann man eine Reise zu den Niagarafällen, eine Tankfüllung Benzin oder einen Präsentkorb oder Kinokarten.

»Das ist alles abgekartet«, sagte Mrs. Quinn. »Die

tun nur so, als würden sie irgendwen anrufen – dabei sitzt der im Nebenzimmer und die Antwort ist ihm gesteckt worden. Ich kannte mal einen, der bei einem Sender gearbeitet hat, so ist es in Wahrheit.«

An diesen Tagen ging ihr Puls rasch. Sie redete sehr schnell, mit heller, atemloser Stimme. »Was für ein Auto hat Ihre Mutter?«, fragte sie.

»Ein kastanienbraunes Auto«, sagte Enid.

»Welche *Marke*?«, fragte Mrs. Quinn.

Enid sagte, sie wisse es nicht, was der Wahrheit entsprach. Sie hatte es gewusst, aber vergessen.

»War es neu, als sie's bekam?«

»Ja«, sagte Enid. »Ja. Aber das ist drei oder vier Jahre her.«

»Sie wohnt in dem großen Steinhaus gleich neben den Willenses?«

»Ja«, sagte Enid.

»Wie viele Zimmer hat das? Sechzehn?«

»Zu viele.«

»Waren Sie auf Mr. Willens' Beerdigung, als er ertrunken ist?«

Enid sagte nein. »Ich mache mir nichts aus Beerdigungen.«

»Ich wollte eigentlich hin. Damals war ich noch nicht so krank, ich wollte mit den Herveys den Highway rauf, sie haben gesagt, ich könnte bei ihnen mitfahren, aber dann wollten ihre Mutter und ihre Schwester mit, und hinten war nicht mehr genug

Platz. Dann sind Clive und Olive mit dem Laster gefahren, und ich hätt mich mit auf die Sitzbank quetschen können, aber die haben mich nicht mal gefragt. Meinen Sie, er hat sich ertränkt?«

Enid dachte daran, wie Mr. Willens ihr eine Rose überreichte. An seine schelmische Galanterie, von der ihr die Zahnwurzeln wehtaten wie von zu viel Zucker.

»Ich weiß nicht. Ich glaube kaum.«

»Sind er und Mrs. Willens gut miteinander ausgekommen?«

»Soweit ich weiß, sind sie hervorragend miteinander ausgekommen.«

»Ach, ja?«, sagte Mrs. Quinn und versuchte, Enids distanzierten Tonfall nachzuahmen. »Hä-fohr-rahgint.«

Enid schlief auf der Couch in Mrs. Quinns Zimmer. Mrs. Quinns entsetzlicher Juckreiz war fast verschwunden, ebenso wie ihr Bedürfnis, Wasser zu lassen. Sie schlief den größten Teil der Nacht durch, auch wenn anfallsweise ihr Atem oft rau und schwer ging. Was Enid aufweckte und wach hielt, war ein eigenes Problem. Sie hatte neuerdings hässliche Träume. Ganz andere Träume als je zuvor. Albträume waren bisher für sie solche, die sie in ein unbekanntes Haus versetzten, in dem die Zimmer sich ständig veränderten und es immer wieder viel mehr

85

zu tun gab, als sie bewältigen konnte, ungetane Arbeit, die sie meinte, getan zu haben, unzählige Ablenkungen. Und dann hatte sie natürlich, was sie in Gedanken ihre romantischen Träume nannte, in denen ein Mann den Arm um sie gelegt hatte oder sie sogar küsste. Es konnte ein Fremder sein oder ein Mann, den sie kannte – manchmal ein Mann, bei dem solch eine Vorstellung vollkommen lächerlich war. Diese Träume machten sie nachdenklich oder ein wenig traurig, gewährten ihr aber auch die Erleichterung, dass ihr solche Gefühle nicht fremd waren. Sie konnten peinlich sein, waren aber nichts, überhaupt nichts im Vergleich zu den Träumen, die sie jetzt hatte. In den Träumen, die ihr jetzt kamen, hatte sie Geschlechtsverkehr oder wollte ihn (manchmal wurde sie von Eindringlingen oder veränderten Umständen daran gehindert) mit gänzlich verbotenen und undenkbaren Partnern. Mit dicken, strampelnden Babys oder bandagierten Patienten oder ihrer eigenen Mutter. Sie war glitschig vor Lust, stöhnte ausgehöhlt und ging grob ans Werk, machte rücksichtslos das Beste aus den Gegebenheiten. »Ja, das muss genügen«, sagte sie zu sich. »Das muss eben genügen, solange nichts anderes da ist.« Und diese Kaltherzigkeit, diese widernatürliche Sittenlosigkeit peitschte ihre Lust nur noch höher. Sie wachte auf, ohne Reue zu empfinden, verschwitzt und erschöpft, und lag da wie eine Leiche, bis ihr eigenes Ich, ihre Scham und ihr ungläubiges Entsetzen in sie zurückströmten. Der Schweiß erkaltete auf ihrer Haut. Sie lag fröstelnd in der warmen Nacht, gedemütigt und von Ekel geschüttelt. Sie wagte nicht, wieder einzuschlafen. Ihre Augen gewöhnten sich ans Dunkel, und die hohen Rechtecke der gardinenverhängten Fenster füllten sich mit schwachem Licht. Und dem Atem der kranken Frau, der knirschte und schimpfte und dann fast verschwand.

Wenn sie katholisch wäre, dachte sie, wäre das dann etwas, das bei der Beichte zur Sprache kommen konnte? Ihr kam es vor wie etwas, das sie nicht einmal im stillen Gebet hervorbringen konnte. Sie betete nicht mehr viel, nur noch der Form halber, und es kam ihr vollkommen sinnlos, sogar respektlos vor, die Erlebnisse, die ihr gerade widerfahren waren, Gott zur Kenntnis zu bringen. Es wäre für ihn eine Beleidigung. Es war ja für sie eine Beleidigung, durch ihre eigene Phantasie. Ihr Glaube war hoffnungsvoll und vernünftig, und es gab darin keinen Platz für irgendein geschmackloses Drama wie das Eindringen des Teufels in ihren Schlaf. Der Schmutz in ihrer Phantasie war in ihr, und es brachte nichts, ihn zu dramatisieren und ihm den Anschein von Wichtigkeit zu geben. Ganz bestimmt nicht. Es war nichts, nur der Müll der Phantasie.

Auf der kleinen Wiese zwischen dem Haus und dem Flussufer standen Kühe. Enid konnte sie bei ihrer nächtlichen Futtersuche kauen und einander streifen hören. Sie dachte an ihre großen, sanften Gestalten da draußen inmitten von Moschuskraut und Wegwarte und den blühenden Gräsern, und sie dachte: Ein schönes Leben haben sie, die Kühe.

Es endete natürlich im Schlachthaus. Das Ende ist furchtbar.

Jedoch für alle dasselbe. Das Böse packt uns, während wir schlafen; Schmerz und Zerfall lauern auf uns. Körperliche Gräuel, alle schlimmer, als man sie sich vorher ausmalen kann. Der Trost, den das Bett und der Atem der Kühe spenden, das Muster der Sterne bei Nacht – all das kann binnen eines Augenblicks auf den Kopf gestellt werden. Und da war sie, da war Enid, arbeitete, bis ihr Leben vorbei war, und tat, als wäre es nicht so. Versuchte, den Menschen Linderung zu geben. Versuchte, gut zu sein. Ein Engel der Barmherzigkeit, wie ihre Mutter sagte, im Laufe der Zeit mit immer weniger Ironie. Auch Patienten und Ärzte sagten es.

Und wie viele dachten die ganze Zeit, dass sie dumm war? Die Menschen, für die sie sich anstrengte, verachteten sie vielleicht insgeheim. Dachten, wenn sie an ihrer Stelle wären, würden sie das nie im Leben tun. Nie so dumm sein. Nein.

Arme Sünder, kam ihr in den Sinn. *Arme Sünder.*
Erbarme dich derer, die Buße tun.

Sie stand auf und ging an die Arbeit; in ihren Augen war das die beste Methode, Buße zu tun. Sie arbeitete sehr leise, aber beharrlich die ganze Nacht hindurch, wusch die beschlagenen Gläser und klebrigen Teller ab, die in den Schränken standen, und schuf Ordnung, wo es vorher keine gegeben hatte. Überhaupt keine. Teetassen hatten sich zwischen dem Ketchup und dem Senf herumgedrückt und Toilettenpapier auf einem Eimer mit Honig. Kein Wachspapier, nicht einmal Zeitungspapier war auf den Borden ausgelegt. Brauner Zucker in einer Tüte war hart wie Stein. Es war verständlich, dass in den letzten paar Monaten alles verkommen war, aber es sah aus, als wäre hier nie etwas sauber und ordentlich gewesen. Alle Tüllgardinen waren grau von Rauch, und die Fensterscheiben waren schmierig. Das letzte bisschen Marmelade war im Glas geblieben, um Schimmel anzusetzen, und übelriechendes Wasser in einer Vase, in der vor Zeiten ein Blumenstrauß gestanden hatte, war nie ausgegossen worden. Aber es war immer noch ein gutes Haus, das gründliches Putzen und frische Farbe wieder herrichten konnten.

Allerdings, was machte man nur mit der hässlichen braunen Farbe, mit der erst vor kurzem und sehr schlampig der Fußboden im Wohnzimmer gestrichen worden war?

Als sie später am Tag ein wenig Zeit hatte, rupfte sie das Unkraut aus den Blumenbeeten von Ruperts

Mutter, grub die Kletten und Quecken aus, die die tapferen Stauden erstickten.

Sie brachte den Kindern bei, den Löffel richtig zu halten und ein Tischgebet zu sprechen. *Wir danken dir für deine Gaben, Die uns auch heute wieder laben.*

Sie brachte ihnen bei, sich die Zähne zu putzen und dann ihr Nachtgebet zu sagen.

»Gott segne Mama und Daddy und Enid und Tante Olive und Onkel Clive und Prinzessin Elisabeth und Prinzessin Margaret Rose.« Danach fügte jede den Namen der Schwester hinzu. Nachdem sie das bereits etliche Mal getan hatten, fragte Sylvie eines Abends: »Was heißt das?«

Enid sagte: »Was heißt was?«

»Was heißt das, ›Gott segne‹?«

Enid machte Eiermilch, würzte sie nicht einmal mit Vanille und fütterte Mrs. Quinn damit. Sie gab ihr jedes Mal nur ein paar Löffel der reichhaltigen Flüssigkeit, und kleine Portionen konnte Mrs. Quinn bei sich behalten. Wenn sie nicht dazu fähig war, fütterte Enid sie mit schalem, lauwarmem Ginger Ale.

Das Sonnenlicht, überhaupt alles Licht war Mrs. Quinn inzwischen ebenso verhasst wie das leiseste Geräusch. Enid musste die Fenster mit Decken verhängen, sogar bei heruntergelassenen Jalousien. Da der Ventilator ausgestellt war, wie Mrs. Quinn es verlangte, wurde es im Zimmer sehr heiß, und Schweiß tropfte Enid von der Stirn, wenn sie sich über das Bett beugte, um die Patientin zu versorgen. Mrs. Quinn hatte Anfälle von Schüttelfrost; nie war ihr warm genug.

»Das zieht sich hin«, sagte der Arzt. »Muss an diesen Milchshakes liegen, die Sie ihr geben, die halten sie in Gang.«

»Eiermilch«, sagte Enid, als spielte das eine Rolle.

Mrs. Quinn war jetzt oft zu müde oder zu schwach, um zu reden. Manchmal lag sie völlig apathisch da, Atem und Puls gingen so flach und unregelmäßig, dass jemand mit weniger Erfahrung als Enid sie für tot gehalten hätte. Aber sie erholte sich wieder, wollte das Radio angestellt haben, dann wieder ausgestellt. Sie wusste immer noch ganz genau, wer sie war und wer Enid war, und manchmal schien sie Enid mit einem nachdenklichen oder forschenden Ausdruck in den Augen zu beobachten. Alle Farbe war aus ihrem Gesicht und sogar aus ihren Lippen längst geschwunden, aber ihre Augen sahen grüner aus als je zuvor – ein milchiges, wolkiges Grün. Enid versuchte, dem Blick, der auf sie gerichtet war, zu begegnen.

»Soll ich Ihnen einen Priester holen?«

Mrs. Quinn zog ein Gesicht, als wollte sie spucken.

»Seh ich aus wie 'n irischer Bauerntrampel?«, sagte sie.

»Einen Pfarrer?«, fragte Enid. Sie wusste, es war richtig, das zu fragen, aber die Gesinnung, aus der sie fragte, war nicht richtig – war kalt und ein wenig boshaft.

Nein. Das war nicht das, was Mrs. Quinn wollte. Sie ächzte vor Missbilligung. Es steckte immer noch etwas Kraft in ihr, und Enid hatte das Gefühl, sie sammelte sie für einen bestimmten Zweck. »Möchten Sie mit Ihren Kindern sprechen?«, fragte sie und zwang sich, mitfühlend und ermutigend zu klingen. »Wollen Sie das?«

Nein.

»Mit Ihrem Mann? Ihr Mann wird bald hier sein.«

Aber das wusste Enid nicht genau. Rupert kam an manchen Abenden erst spät, nachdem Mrs. Quinn ihre letzten Tabletten genommen hatte und eingeschlafen war. Dann saß er mit Enid zusammen. Er brachte ihr immer die Zeitung mit. Er fragte, was sie in ihre Tagebücher schrieb – ihm war aufgefallen, dass es zwei gab –, und sie erzählte es ihm. Eins für den Arzt, in dem sie Blutdruck, Puls und Temperatur festhielt, was gegessen, erbrochen und ausgeschieden worden war, die eingenommenen Medikamente und schließlich eine Zusammenfassung vom Zustand der Patientin. Im anderen, für sie selbst bestimmten notierte sie oft dieselben Dinge, wenn auch weniger genau, dazu kamen Angaben über das Wetter, und das, was ringsum geschah. Und über Erinnernswertes.

»Zum Beispiel habe ich mir neulich etwas aufge-schrieben«, sagte sie. »Etwas, was Lois gesagt hat. Lois und Sylvie sind hereingekommen, als Mrs. Green hier war, und Mrs. Green hat davon gespro-chen, dass die Brombeersträucher langsam den Weg überwuchern, und Lois hat gesagt: ›Wie in Dornrös-chen.‹ Weil ich ihnen das Märchen vorgelesen hatte. Das habe ich mir notiert.«

Rupert sagte: »Ich muss den Brombeerranken bei-kommen und sie zurückschneiden.«

Enid hatte den Eindruck, ihm gefiel, was Lois ge-sagt hatte, auch, dass sie es aufgeschrieben hatte, es war ihm nur nicht möglich, das zu äußern.

Eines Abends erzählte er ihr, dass er für ein paar Tage fort wollte, zu einer Viehauktion. Er hatte den Arzt gefragt, ob das ginge, und der Arzt hatte gesagt, er könnte ruhig fahren.

An diesem Abend war er gekommen, bevor die letzten Tabletten verabreicht worden waren, und Enid nahm an, dass er Wert darauf legte, seine Frau vor seiner kleinen Reise wach anzutreffen. Sie sagte ihm, doch gleich in Mrs. Quinns Zimmer zu gehen, und er tat es und machte die Tür hinter sich zu. Enid nahm sich die Zeitung und dachte daran, nach oben zu gehen, aber die Kinder schliefen wahrscheinlich noch nicht; sie würden einen Vorwand finden, um sie hereinzurufen. Sie konnte sich auf die Veranda setzen, aber um diese Tageszeit sirrten da Moskitos, besonders nach einem heftigen Regenschauer wie dem vom Nachmittag.

Sie hatte Angst, etwas Vertrauliches oder vielleicht Anflüge eines Streits zu belauschen, und Rupert dann begegnen zu müssen, wenn er herauskam. Mrs. Quinn sammelte sich zu einer Abrechnung – dessen war Enid sicher. Und bevor sie sich entschieden hatte, wohin sie gehen sollte, erlauschte sie tatsächlich etwas. Nicht die Schuldzuweisungen oder (wenn das möglich war) die Koseworte oder vielleicht sogar die Tränen, die sie halb erwartet hatte, sondern Gelächter. Sie hörte Mrs. Quinn leise lachen, und in dem Gelächter lagen ein Hohn und eine Genugtuung, wie sie Enid schon früher gehört hatte, aber auch etwas, was sie noch nicht gehört hatte, noch nie in ihrem Leben – etwas vorsätzlich Böses. Sie rührte sich nicht von der Stelle, obwohl sie es hätte tun müssen, und sie stand immer noch am Tisch, sie starrte immer noch die Tür des Wohnzimmers an, als er einen Moment später herauskam. Er mied nicht ihren Blick – oder sie den seinen. Sie konnte es nicht. Doch sie hätte nicht mit Sicherheit zu sagen vermocht, ob er sie wahrnahm. Er sah sie nur an und ging hinaus. Er wirkte, als hätte er einen elektrischen Draht berührt und bäte um Verzeihung – wen? –, dass sein Körper dieser dummen Katastrophe ausgeliefert war.

Am nächsten Tag kam Mrs. Quinns Kraft zurückgeströmt, in jener unnatürlichen und trügerischen Weise, die Enid schon ein- oder zweimal bei anderen gesehen hatte. Mrs. Quinn wollte sich mit den Kissen im Rücken aufsetzen. Sie wollte den Ventilator angestellt haben.

Enid sagte: »Eine gute Idee.«

»Ich könnte Ihnen was erzählen, was Sie nicht glauben würden«, sagte Mrs. Quinn.

»Die Leute erzählen mir viele Dinge«, sagte Enid.

»Klar. Lügen«, sagte Mrs. Quinn. »Alles Lügen, jede Wette. Wissen Sie, dass Mr. Willens hier in diesem Zimmer war?«

III. Fehler

Mrs. Quinn hatte im Schaukelstuhl gesessen, damit ihre Augen untersucht wurden, und Mr. Willens war dicht vor ihr mit dem Ding an ihren Augen gewesen, und keiner von beiden hörte Rupert hereinkommen, denn eigentlich sollte er unten am Fluss Holz fällen. Aber er hatte sich zurückgeschlichen. Er schlich sich zur Küche herein, ohne ein Geräusch zu machen – er musste das Auto von Mr. Willens gesehen haben, bevor er das tat –, dann machte er ganz leise die Tür zu diesem Zimmer auf, bis er Mr. Willens da knien sah, er hielt ihr das Ding an die Augen und hatte die andere Hand auf ihrem Bein, um das Gleichgewicht zu halten. Er hatte ihr Bein gepackt, um das Gleichgewicht zu halten, und ihr Rock war hochgerutscht und ihr nacktes Bein war zu sehen, aber weiter war nichts, und sie konnte sowieso nichts machen, sie musste sich darauf konzentrieren, stillzuhalten.

Rupert war also im Zimmer, ohne dass sie ihn hatten kommen hören, und dann machte er nur einen Satz und landete wie der Blitz auf Mr. Willens, und Mr. Willens konnte nicht aufstehen oder sich umdrehen, er lag da, bevor er wusste, wie ihm geschah. Rupert schlug seinen Kopf immer wieder auf den Boden, Rupert schlug ihm die Seele aus dem Leib, und sie sprang so schnell auf, dass der Stuhl umkippte und Mr. Willens' Kasten, in dem er seine Augensachen hatte, umstürzte und alle Dinger rausflogen. Rupert vermöbelte ihn einfach, und vielleicht stieß er gegen die Ofenkante, sie wusste es nicht genau. Sie dachte nur: Gleich bin ich dran. Aber sie konnte nicht an ihnen vorbei, um aus dem Zimmer zu laufen. Und dann sah sie, dass Rupert doch nicht auf sie losging. Er war außer Puste, und er richtete bloß den Stuhl auf und setzte sich hin. Sie ging dann zu Mr. Willens und wälzte ihn herum, schwer, wie er war, damit er mit der richtigen Seite nach oben lag. Seine Augen waren nicht völlig auf und auch nicht zu, und ihm lief Sabber aus dem Mund. Aber keine Verletzung im Gesicht oder blaue Flecken – vielleicht hatten die sich noch nicht gebildet. Das Zeug, das aus seinem Mund kam, sah nicht mal wie Blut aus. Es war rosa, und wenn sie sagen sollte, wie es aussah, es sah genauso aus wie der Schaum, der hochkommt, wenn man Erdbeeren kocht, um Marmelade zu machen. Hellrosa. Es war über sein ganzes Gesicht verschmiert, weil Rupert ihn mit dem Gesicht nach unten verdroschen hatte. Er machte auch ein Geräusch, als sie ihn umdrehte. *Gluck-gluck.* Das war alles. *Gluck-gluck,* und er lag da wie ein Stein.

Rupert sprang vom Stuhl auf, sodass der weiterschaukelte, und machte sich daran, die ganzen Dinger aufzuheben und in Mr. Willens' Kasten zurückzutun. Alle wieder so reinzustecken, wie sie gehörten. Darauf Zeit zu verschwenden. Es war ein Spezialkasten, mit rotem Samt ausgelegt und einem bestimmten Platz für jedes von diesen Dingern, die er benutzte, und man musste sie alle an die richtige Stelle tun, sonst ging der Deckel nicht zu. Rupert kriegte es hin, dass der Deckel zuging, und dann setzte er sich einfach wieder in den Schaukelstuhl und hämmerte sich auf die Knie.

Auf dem Tisch lag eine von diesen blöden Zierdecken, ein Andenken von Ruperts Eltern, als sie mal rauf in den Norden gefahren waren, um die Dionne-Fünflinge zu sehen. Sie nahm sie ab und wickelte sie Mr. Willens um den Kopf, damit das rosa Zeug aufgesogen wurde und sie ihn nicht mehr sehen mussten.

Rupert hieb sich immer wieder mit seinen großen Pranken auf die Knie. Sie sagte: Rupert, wir müssen ihn irgendwo vergraben.

Rupert sah sie bloß an, so wie: Warum?

Sie sagte, sie könnten ihn unten in dem Keller vergraben, der Sandboden hatte.

»Sicher«, sagte Rupert. »Und wo sollen wir sein Auto vergraben?«

Sie sagte, sie könnten es in die Scheune stellen und mit Heu zudecken.

Er sagte, zu viele Leute kämen und schnüffelten in der Scheune rum.

Dann dachte sie: Schaff ihn in den Fluss. Sie sah ihn vor sich, wie er unter Wasser in seinem Auto saß. Es kam ihr wie ein Bild. Rupert sagte anfangs nichts, also ging sie in die Küche und holte Wasser, um Mr. Willens abzuwischen, damit er nichts volltropfte. Schleim kam jetzt keiner mehr aus seinem Mund. Sie nahm sich seine Schlüssel, die in seiner Tasche steckten. Durch den Stoff seiner Hose konnte sie sein fettes Bein fühlen, das immer noch warm war.

Sie sagte zu Rupert: Mach voran.

Er nahm die Schlüssel.

Sie hoben Mr. Willens hoch, sie bei den Füßen und Rupert bei den Schultern, und er wog eine Tonne. Er war wie Blei. Aber als sie ihn trugen, stieß einer von seinen Schuhen sie zwischen die Beine, und sie dachte: Da, du treibst es immer noch, du geiler alter

Bock. Sogar sein toter Fuß versetzte ihr noch einen Stups. Nicht, dass sie ihn je rangelassen hätte, aber er war immer auf der Lauer zuzugrapschen, wenn er konnte. Wie unter dem Rock nach ihrem Bein grapschen, wenn er das Ding an ihrem Auge hatte und sie ihn nicht hindern konnte und Rupert ins Zimmer geschlichen kam und einen falschen Eindruck kriegte.

Über die Türschwelle und durch die Küche und über die Veranda und die Verandatreppe runter. Alles frei. Aber es war ein windiger Tag, und als Erstes blies der Wind die Tischdecke weg, die sie Mr. Willens übers Gesicht gelegt hatte.

Ihr Hof konnte zum Glück von der Straße nicht eingesehen werden. Nur das Dach und das Fenster im ersten Stock. Das Auto von Mr. Willens war nicht zu sehen.

Rupert hatte sich alles Übrige ausgedacht, was jetzt zu tun war. Ihn zum Skagerrak bringen, wo das Wasser tief war und der Weg bis ans Ufer führte und es so aussehen konnte, als wäre er von der Straße abgefahren und hätte sich im Weg geirrt. Als wäre er in den Skagerrak-Weg eingebogen, vielleicht war es dunkel, und er fuhr eben ins Wasser, bevor er wusste, wo er war. Als hätte er einfach einen Fehler gemacht.

Und das hatte er. Mr. Willens hatte wirklich einen Fehler gemacht.

Das Problem war, Rupert musste dafür aus ihrer Zufahrt raus und dann auf der Straße bis zur Skagerrak-Abzweigung fahren. Aber da unten wohnte niemand, und nach der Skagerrak-Abzweigung endete die Straße als Sackgasse, also musste er nur beten, dass ihm auf dem Stück niemand begegnete. Dann würde er Mr. Willens auf den Fahrersitz bugsieren und das Auto vom Ufer ins Wasser stoßen. Den ganzen Klumpatsch in den Teich stoßen. Ein schweres Stück Arbeit, aber wenigstens war Rupert ein kräftiger Kerl. Sie wären gar nicht erst in diese Klemme geraten, wenn Rupert nicht solche Kräfte hätte.

Rupert tat sich schwer, das Auto anzulassen, weil er so eins noch nie gefahren war, aber schließlich schaffte er es und wendete und fuhr die Zufahrt runter, wobei Mr. Willens zur Seite sackte. Er hatte Mr. Willens den Hut aufgesetzt – der Hut hatte auf dem Autositz gelegen.

Warum den Hut abnehmen, bevor er ins Haus kam? Nicht einfach, um höflich zu sein, sondern damit er sie leichter umklammern und küssen konnte. Wenn man so was küssen nennen konnte, dieses Geschubse mit seinem Koffer immer noch in der einen Hand und die andere Hand, die sie begrabbelte, und sein alter Sabbermund, der an ihr rumlutschte. An ihren Lippen und ihrer Zunge rumlutschte und rumkaute, und wie er an ihr rumrammelte und ihr die Ecke von seinem Koffer in den Hintern bohrte. Sie war so überrascht, und er hielt sie so fest gepackt, dass sie gar nicht wusste, wie sie freikommen sollte.

Rammelte und lutschte und sabberte und bohrte und tat ihr weh, alles auf einmal. Er war ein brutales altes Schwein.

Sie ging und holte die Fünflinge-Tischdecke vom Zaun, wo der Wind sie hingeweht hatte. Dann suchte sie alles nach Blutspuren ab, die Treppe, die Veranda und die Küche, aber nur im Wohnzimmer entdeckte sie Blut, auch auf ihren Schuhen war welches. Sie wischte den Fußboden auf und wischte ihre Schuhe ab, die sie auszog, und erst, als sie mit dem allem fertig war, sah sie, dass ihre Bluse vorne blutverschmiert war. Wie war denn das passiert? Und im selben Moment hörte sie ein Geräusch, das machte sie starr wie Stein. Sie hörte ein Auto, und es war ein Auto, das sie nicht kannte, und es kam die Zufahrt rauf.

Sie spähte durch die Tüllgardine, und wirklich. Ein dunkelgrünes Auto, und ziemlich neu. Die blutverschmierte Bluse, und die Schuhe ausgezogen, und der Fußboden nass. Sie drückte sich in eine Ecke, wo sie von draußen nicht zu sehen war, aber ihr fiel nichts ein, wo sie sich verstecken konnte. Das Auto hielt, und eine Tür ging auf, aber der Motor wurde nicht abgestellt. Sie hörte die Tür wieder zugehen und das Auto wenden, und dann hörte sie es wegfahren. Und sie hörte Lois und Sylvie auf der Veranda.

Es war das Auto von dem Freund der Lehrerin. Er holte die Lehrerin jeden Freitagnachmittag ab, und das war ein Freitag. Also sagte die Lehrerin zu ihm:

Warum bringen wir die beiden nicht nach Hause, sie sind die Kleinsten, und sie haben den weitesten Weg, und es sieht nach Regen aus.

Es regnete dann tatsächlich. Es fing an, als Rupert zurückkam und am Ufer entlang nach Hause lief. Sie sagte: Dein Glück, das wird deine Spuren verwischen, wo du rumgetrampelt bist, als du's reingestoßen hast. Er sagte, er hätte die Schuhe ausgezogen und es auf Strümpfen gemacht. Hast wohl dein Gehirn wieder eingeschaltet, sagte sie.

Statt zu versuchen, das Zeug aus der Souvenirdecke oder der Bluse, die sie anhatte, rauszuwaschen, verbrannte sie gleich alle beide im Herd. Sie stanken scheußlich, und der Gestank machte sie krank. Das war überhaupt der Anfang ihrer Krankheit. Das und die Farbe. Als sie den Fußboden aufgewischt hatte, sah sie trotzdem immer noch den Fleck vor sich, also holte sie die braune Farbe, die übrig geblieben war, als Rupert die Treppe gestrichen hatte, und strich damit den ganzen Fußboden. Davon fing das an mit dem Erbrechen, immer vorgebeugt und die Farbe eingeatmet. Und die Rückenschmerzen – die fingen da auch an.

Als sie mit dem Fußboden fertig war, ging sie einfach nicht mehr ins Wohnzimmer. Aber eines Tages dachte sie, sie sollte lieber eine andere Decke auf den Tisch legen. Dadurch würde alles normaler aussehen. Wenn sie es nicht tat, würde ihre Schwägerin bestimmt schnüffeln kommen und fragen: Wo ist denn die Decke, die Mom und Dad mitgebracht haben, als sie damals die Fünflinge besichtigen gefahren sind? Wenn sie eine andere Decke auflegte, konnte sie sagen: Ach, mir war einfach nach einer Veränderung. Aber keine Decke sah merkwürdig aus.

Also holte sie eine Decke, die Ruperts Mutter mit Blumenkörben bestickt hatte, und brachte sie ins Zimmer, und dieser Geruch stieg ihr wieder in die Nase. Und da auf dem Tisch stand der dunkelrote Kasten mit Mr. Willens' Sachen und seinem Namen drauf, und der hatte die ganze Zeit da gestanden, sie konnte sich nicht erinnern, dass sie ihn da hingestellt hatte oder gesehen hatte, wie Rupert ihn hinstellte. Sie hatte den Kasten völlig vergessen.

Sie nahm den Kasten und versteckte ihn erst am einen Ort, und dann versteckte sie ihn an einem andern. Sie sagte keinem, wo sie ihn versteckt hatte, und sie würde es auch nie tun. Sie hätte ihn zertrümmert, aber wie zertrümmert man diese vielen Dinger da drin? Die Untersuchungsdinger. Ach, gute Frau, möchten Sie, dass ich Ihre Augen untersuche, dann setzen Sie sich einfach da hin, ganz bequem, und dann machen Sie einfach das eine Auge zu und das andere weit auf. Ganz weit auf. Es war jedes Mal dasselbe Spiel, und sie durfte sich nicht anmerken lassen, was vorging, und wenn er das Ding ausgepackt hatte und in ihr Auge sah, wollte er, dass sie ganz ruhig blieb, und er, der dreckige alte Wichser, schnaufte los und steckte ihr die Finger rein und schnaufte sich einen ab. Und sie durfte nichts sagen, bis er fertig war und das Guckdings und alles wieder in den Kasten gepackt hatte, und dann musste sie sagen: »Ach, Mr. Willens, wie viel schulde ich Ihnen für heute?«

Und das war für ihn das Signal, sie runterzuziehen und loszurammeln wie ein alter Ziegenbock. Bumste sie auf dem nackten Fußboden, wummerte auf sie ein und wollte sie kaputtkriegen. Hatte einen Pimmel wie ein Lötkolben.

Wie hätte Ihnen das gefallen?

Dann stand es in den Zeitungen. Mr. Willens ertrunken aufgefunden.

Die schrieben, er hatte Beulen, weil er mit dem Kopf aufs Lenkrad geschlagen war. Die schrieben, als er ins Wasser fiel, war er noch am Leben. Zum Totlachen.

IV. Lügen

Enid blieb die ganze Nacht über wach – sie versuchte gar nicht erst, zu schlafen. Sie konnte sich nicht in Mrs. Quinns Zimmer hinlegen. Sie saß stundenlang in der Küche. Es strengte sie an, sich zu bewegen, sogar, sich eine Tasse Tee zu machen oder ins Badezimmer zu gehen. Jede Bewegung ihres Körpers schüt-

telte durcheinander, was sie erfahren hatte, hinderte
sie, es im Kopf zu ordnen und sich daran zu gewöhn-
nen. Sie hatte sich nicht ausgekleidet oder das Haar
gelöst, und als sie sich die Zähne putzte, kam ihr das
mühsam und fremd vor. Das Mondlicht fiel durchs
Küchenfenster – sie saß im Dunkeln –, und sie sah
zu, wie auf dem Linoleum ein Lichtfleck durch die
Nacht wanderte und verschwand. Sie war überrascht,
als er verschwunden war, und dann, als die Vögel er-
wachten und der neue Tag anbrach. Die Nacht war
ihr sehr lang vorgekommen, und dann wieder zu
kurz, denn sie war zu keiner Entscheidung gelangt.

Sie erhob sich steif und schloss die Tür auf und
setzte sich im heraufdämmernden Licht auf die Veranda. Sogar diese Bewegungen verkeilten ihre Gedanken. Sie musste sie wieder sortieren und auf zwei
Seiten einordnen. Was geschehen war – oder was angeblich geschehen war – auf der einen Seite. Was nun
zu tun war auf der anderen. Was nun zu tun war – das
wollte keine klare Gestalt annehmen.

Die Kühe waren auf eine andere Weide getrieben
worden und standen nicht mehr auf der kleinen
Wiese zwischen dem Haus und dem Fluss. Enid
konnte das Gatter öffnen, wenn sie wollte, und in
diese Richtung laufen. Sie wusste, sie müsste eigentlich ins Haus gehen und nach Mrs. Quinn sehen.
Aber sie tat es nicht, sondern entriegelte das Gatter.

Die Kühe hatten nicht alles abgeweidet. Tropfnasse Gräser streiften ihre Strümpfe. Da war der Pfad, noch nicht überwachsen, unter den Uferbäumen, jenen großen Weiden, die von den Ranken des wilden Weins umklammert wurden wie von zottigen Affenarmen. Nebel stieg auf, sodass der Fluss kaum zu sehen war. Man musste schon die Augen zusammenkneifen und lange hinschauen, dann schimmerte das Wasser hindurch, so still wie Wasser in einem Topf. Es musste sich mit der Strömung bewegen, aber sie konnte nichts davon entdecken.

Dann sah sie eine Bewegung, jedoch nicht im Wasser. Ein Boot bewegte sich. Ein schlichtes altes Ruderboot, an einem Ast festgebunden, wurde ganz leicht angehoben, noch ein wenig, und dann fallen gelassen. Nachdem sie es gefunden hatte, beobachtete sie es, als könnte es ihr etwas sagen. Und das tat es auch. Es sagte etwas Sanftes und Endgültiges.

Du weißt es. Du weißt es.

Als die Kinder wach wurden, fanden sie Enid in bester Laune vor, frischgewaschen und angezogen, das Haar gelöst. Sie hatte schon rote Grütze zubereitet, die die Kinder dann mittags essen konnten. Und sie rührte Teig für Kekse an, damit sie gebacken werden konnten, bevor es zu heiß wurde, um den Herd zu benutzen.

»Gehört das Boot eurem Vater?«, fragte sie. »Das unten am Fluss?«

Lois sagte ja. »Aber wir dürfen nicht darin spielen.« Dann sagte sie: »Wenn du mitkämst, dürften wir.« Beide hatten sofort die Stimmung des Tages erfasst, seine Feiertagsmöglichkeiten, Enids ungewöhnliche Mischung aus Mattigkeit und Erregung.

»Wir werden sehen«, sagte Enid. Sie wollte den Tag für die Kinder zu einem besonderen machen, nicht nur wegen der Tatsache – deren sie sich bereits nahezu sicher war –, dass es der Tag des Todes ihrer Mutter sein würde. Sie wollte, dass sie etwas in Erinnerung behielten, was auf alles Spätere ein versöhnliches Licht werfen konnte. Auf Enid selbst nämlich und darauf, wie sie das spätere Leben der Kinder beeinflussen würde.

Am Morgen war Mrs. Quinns Puls schwer zu finden gewesen, und offenbar besaß sie nicht mehr die Kraft, um den Kopf zu heben oder die Augen zu öffnen. Eine große Veränderung im Vergleich zum Vortag, aber das überraschte Enid nicht. Sie hatte vermutet, die große Kraftanstrengung zu diesem bösartigen Redestrom würde die letzte sein. Sie hielt Mrs. Quinn einen Löffel mit Wasser an die Lippen, und Mrs. Quinn sog ein wenig von dem Wasser ein. Sie machte ein miauendes Geräusch – wohl das letzte Überbleibsel all ihrer Klagen. Enid rief nicht den Arzt, denn er wollte ohnehin im Laufe des Tages vorbeischauen, wahrscheinlich am frühen Nachmittag.

Sie rührte in einem Marmeladenglas Seifenlauge

an und bog ein Stück Draht zu einer Öse zurecht, und dann noch eines. Sie zeigte den Kindern, wie man Seifenblasen machte, indem man gleichmäßig und vorsichtig pustete, bis eine möglichst große, schimmernde Kugel am Draht zitterte, die man dann behutsam abschüttelte. Sie jagten die Seifenblasen über den Hof, die in der Luft schwebten, bis ein Windstoß sie erfasste und in die Bäume oder an die Dachrinne der Veranda hing. Was sie dort am Leben erhielt, das schienen die bewundernden Rufe, die Freudenschreie zu sein, die von unten aufstiegen. Enid setzte dem Lärm, den die Kinder machen durften, keine Grenzen, und als die Seifenlauge aufgebraucht war, machte sie neue.

Der Arzt rief an, als sie den Kindern ihr Mittagbrot gab – rote Grütze und mit buntem Zucker bestreute Kekse und Milch, in die sie Schokoladensirup gerührt hatte. Er sagte, ein Kind, das vom Baum gefallen war, habe ihn aufgehalten, und er würde es wahrscheinlich nicht vor dem frühen Abend schaffen. Enid sagte leise: »Ich glaube, es geht zu Ende.«

»Sorgen Sie für Linderung, soweit Sie können«, sagte der Arzt. »Wie, das wissen Sie ebenso gut wie ich.«

Enid rief Mrs. Green nicht an. Sie wusste, dass Rupert noch nicht von der Auktion zurückgekehrt war, und sie glaubte nicht, dass Mrs. Quinn, sollte sie je für einen Augenblick noch einmal das Bewusstsein erlangen, ihre Schwägerin im Zimmer sehen oder hören wollte. Auch schien es unwahrscheinlich, dass sie ihre Kinder sehen wollte. Und ihr Anblick bot den Kindern nichts Gutes, es in Erinnerung zu behalten.

Sie machte sich nicht mehr die Mühe, Mrs. Quinns Blutdruck oder ihre Temperatur zu messen – sie wischte ihr nur Gesicht und Arme ab und bot ihr Wasser an, das nicht mehr genommen wurde. Sie stellte den Deckenventilator an, gegen dessen Geräusch Mrs. Quinn so oft protestiert hatte. Der Geruch, der von ihrem Körper aufstieg, schien sich zu verändern und seine Ammoniakschärfe zu verlieren. Ging über in den allgemeinen Geruch des Todes.

Sie verließ das Zimmer und setzte sich auf die Verandatreppe. Sie zog Schuhe und Strümpfe aus und streckte die Beine von sich. Die Kinder begannen sie vorsichtig zu löchern, fragten sie, ob sie mit ihnen zum Fluss hinunterging, ob sie im Boot sitzen durften, oder, wenn sie die Ruder fanden, ob sie mit ihnen hinausruderte. Sie war klug genug, in der Vernachlässigung nicht derart weit zu gehen, aber sie fragte die Kinder: Wollt ihr einen Swimmingpool haben? Oder zwei? Und sie holte zwei Waschwannen, stellte sie ins Gras und füllte sie mit Wasser aus der Zisternenpumpe. Die Kinder zogen sich bis auf die Höschen aus, rekelten sich im Wasser und wurden Prinzessin Elisabeth und Prinzessin Margaret Rose.

»Was meint ihr«, fragte Enid, die mit zurückgelehntem Kopf und geschlossenen Augen im Gras saß, »was meint ihr, wenn jemand etwas ganz Schlimmes getan hat, muss der bestraft werden?«

»Ja«, sagte Lois sofort. »Der muss Dresche kriegen.«

»Wer hat das getan?«, fragte Sylvie.

»Denk einfach mal, irgendwer«, sagte Enid. »Wenn es also etwas sehr Schlimmes war, aber wenn niemand weiß, dass er es getan hat? Soll er gestehen, dass er es getan hat, und bestraft werden?«

Sylvie sagte: »Ich wüsste, dass er's getan hat.«

»Wüsstest du nich«, sagte Lois. »Woher denn?«

»Ich hätt ihn gesehn.«

»Hätt'st du nich.«

»Wisst ihr, warum ich meine, er soll bestraft werden?«, fragte Enid. »Weil er sich nämlich innerlich ganz schlecht fühlen wird. Auch wenn niemand ihn gesehen hat und niemand es je erfährt. Wenn ihr etwas sehr Schlimmes tut, und ihr werdet nicht bestraft, dann fühlt ihr euch schlechter, sehr viel schlechter, als wenn ihr bestraft werdet.«

»Lois hat 'n grünen Kamm geklaut«, sagte Sylvie.

»Hab ich nich«, sagte Lois.

»Ich möchte, dass ihr euch das merkt«, sagte Enid.

Lois sagte: »Der hat auffe Straße gelegen.«

Enid ging etwa alle halbe Stunde ins Krankenzimmer, um Mrs. Quinn das Gesicht und die Hände mit einem feuchten Lappen abzuwischen. Sie sagte dabei kein Wort zu ihr und berührte sie auch nicht, nur mit dem Lappen. Sie hatte sich noch nie zuvor von jemandem, der im Sterben lag, derart ferngehalten. Als sie gegen halb sechs die Tür aufmachte, wusste sie, dass in diesem Zimmer niemand mehr lebte. Das Laken war herausgezogen, und Mrs. Quinns Kopf hing über die Bettkante, eine Tatsache, die Enid weder niederschrieb noch irgendjemandem gegenüber erwähnte. Bevor der Arzt kam, hatte sie den Leichnam gewaschen und ordentlich hingelegt und das Bett gerichtet. Die Kinder spielten immer noch im Hof.

»5. Juli. Morgens Regen. L. u. S. spielen unter Veranda. Ventilator aus und an, beschwert sich über Lärm. Halbe Tasse Eiermilch löffelweise. Bd. hoch, Puls schnell, keine Klagen über Schmerzen. Kaum Abkühlung durch Regen. Abends R. Q. Heuernte beendet.

6. Juli. Heißer Tag, sr. drückend. Ventilator versucht, aber nein. Oft feucht abgewischt. Abends R. Q. Fängt morgen Weizenernte an. Alles 1 oder 2 Wn. voraus wg. Hitze, Regen.

7. Juli. Weiter heiß. Will Eiermilch nicht. Ginger Ale vom Löffel. Sr. schwach. Letzte Nacht schwerer Regen, Wind. R. Q. konnte nicht mähen, Korn stellenweise niedergeschlagen.

8. Juli. Keine Eiermilch. Ginger Ale. Vormittags Er-

brechen. Wacher. R. Q. will zu Kälberauktion, wird 2 Tage fort sein. Dr. keine Bedenken.

9. Juli. Sr. aufgewühlt. Entsetzliche Reden.

10. Juli. Patientin Mrs. Rupert (Jeanette) Quinn starb heute gegen 5 Uhr nachmittags. Herzversagen infolge von Urämie. (Glomerulonephritis.)«

Enid hatte es sich zur Gewohnheit gemacht, nicht bis zur Beerdigung der Menschen, die sie gepflegt hatte, zu bleiben. Sie hielt es für richtig, das Haus zu verlassen, sobald der Anstand es zuließ. Ihre Gegenwart erinnerte unwillkürlich an die Zeit direkt vor dem Tod, die vielleicht trostlos und voll körperlichen Elends gewesen war und nun durch Feierlichkeiten und Gastfreundschaft und Blumen und Kuchen verklärt werden sollte.

Auch gab es für gewöhnlich eine Verwandte, die sich einfand, um den Haushalt vollständig zu übernehmen, und Enid plötzlich zu einem unerwünschten Gast machte.

Und wirklich traf Mrs. Green im Haus der Quinns noch vor dem Leichenbestatter ein. Rupert war noch nicht zurückgekehrt. Der Arzt saß in der Küche, trank eine Tasse Tee und redete mit Enid über einen anderen Fall, den sie nun übernehmen konnte, da dieser beendet war. Enid wollte sich nicht festlegen und sagte, sie habe daran gedacht, eine Weile Urlaub zu machen. Die Kinder waren oben. Ihnen war gesagt worden, ihre Mutter sei nun im Himmel, was für sie diesem außergewöhnlichen und ereignisreichen Tag die Krone aufsetzte.

Mrs. Green war schweigsam, bis der Arzt aufbrach. Sie trat ans Fenster, um zu sehen, wie er in sein Auto stieg, wendete und wegfuhr. Dann sagte sie: »Vielleicht sollte ich nicht sofort davon anfangen, aber ich tu's einfach. Ich bin froh, dass es jetzt passiert ist und nicht erst, wenn der Sommer vorbei ist und die Schule wieder angefangen hat. Jetzt bleibt mir Zeit, die Kinder daran zu gewöhnen, dass sie bei uns wohnen und in eine andere Schule kommen. Rupert wird sich auch dran gewöhnen müssen.«

Zum ersten Mal wurde Enid klar, dass Mrs. Green beabsichtigte, die Kinder ganz zu sich zu nehmen, nicht nur für eine Weile. Mrs. Green hatte es eilig mit dem Umzug, hatte ihn vermutlich seit geraumer Zeit geplant. Die Zimmer für die Mädchen waren längst hergerichtet, bestimmt war auch Stoff gekauft worden, um ihnen neue Kleider zu nähen. Mrs. Green hatte ein großes Haus und keine eigenen Kinder.

»Sie wollen ja sicher auch heim«, sagte sie zu Enid. Solange eine andere Frau im Haus war, konnte es als gleichwertige Heimstatt erscheinen und ihrem Bruder die Einsicht erschweren, dass der endgültige Auszug der Kinder notwendig war. »Rupert kann Sie reinfahren, sobald er zurück ist.«

Enid sagte, das sei nicht nötig, ihre Mutter käme, um sie abzuholen.

»Ach, Ihre Mutter hatt' ich ganz vergessen«, sagte Mrs. Green. »Die mit dem flotten kleinen Auto.«

Ihre Miene hellte sich auf, und sie begann, Schranktüren aufzumachen, Gläser und Teetassen zu inspizieren – waren sie sauber für die Beerdigung?

»Da ist jemand am Werk gewesen«, sagte sie, erleichtert, Enid los zu sein, und zu Lobsprüchen bereit.

Mr. Green wartete draußen, im Laster, mit dem Hund der Greens, General. Mrs. Green rief hoch nach Lois und Sylvie, und sie kamen mit ein paar Sachen in braunen Papiertüten die Treppe heruntergepoltert. Sie rannten durch die Küche und knallten die Tür zu, ohne sich um Enid zu kümmern.

»Das wird sich ändern müssen«, sagte Mrs. Green und meinte das Türenknallen. Enid hörte, wie die Kinder General lauthals begrüßten und wie General aufgeregt zurückbellte.

Zwei Tage später war Enid wieder da, mit dem Auto ihrer Mutter, allein. Sie kam am späten Nachmittag, als die Leichenfeier lange vorbei sein musste. Im Hof parkten keine fremden Autos, was hieß, dass die Frauen, die in der Küche ausgeholfen hatten, alle nach Hause gefahren waren und die zusätzlichen Stühle und Teetassen mitgenommen hatten, auch die große Kaffeekanne, die der Kirche gehörte. Im Gras waren Reifenspuren und umgeknickte, zerdrückte Blumen.

Sie musste jetzt anklopfen. Sie musste darauf warten, hereingebeten zu werden.

Sie hörte Ruperts schwere, gleichmäßige Schritte. Sie begrüßte ihn, als er auf der anderen Seite der Fliegentür vor ihr stand, aber sie sah ihm nicht ins Gesicht. Er war in Hemdsärmeln, trug aber die Hose seines guten Anzugs. Er hakte die Tür auf.

»Ich war nicht sicher, ob jemand zu Hause ist«, sagte Enid. »Ich dachte, vielleicht sind Sie noch im Stall.«

Rupert sagte: »Es haben alle bei der Arbeit geholfen.«

Sie konnte Whisky riechen, als er sprach, aber er klang nicht betrunken.

»Ich dachte, Sie wären eine von den Frauen und hätten was vergessen«, sagte er.

Enid sagte: »Ich habe nichts vergessen. Aber wie geht es den Kindern?«

»Denen geht's gut. Sie sind bei Olive.«

Es schien ungewiss, ob er sie hereinbitten würde. Was ihn zögern ließ, war Verwirrung, nicht Feindseligkeit. Enid hatte sich nicht auf diesen ersten, schwierigen Teil des Gesprächs vorbereitet. Damit sie ihn nicht ansehen musste, blickte sie sich zum Himmel um.

115

»Man merkt schon, dass die Tage kürzer werden«, sagte sie. »Auch wenn der längste Tag noch keinen Monat her ist.«

»Das stimmt«, sagte Rupert. Jetzt stieß er die Tür auf und trat beiseite, und sie ging hinein. Auf dem Tisch stand eine Tasse ohne Untertasse. Sie setzte sich seinem Platz gegenüber. Sie trug ein dunkelgrünes Seidenkreppkleid und dazu passende Wildlederschuhe. Als sie diese Sachen anlegte, hatte sie gedacht, vielleicht zog sie sich zum letzten Mal an, und vielleicht war das die letzte Kleidung, die sie je tragen würde. Sie hatte die Haare zu einer Nackenrolle frisiert und sich das Gesicht gepudert. Ihre Sorgfalt, ihre Eitelkeit schienen töricht, waren ihr aber ein Bedürfnis. Sie hatte jetzt drei Nächte hintereinander nicht geschlafen, nicht eine Minute lang, und sie hatte nichts essen können, nicht einmal, um ihrer Mutter etwas vorzumachen.

»War es diesmal besonders schwer?«, hatte ihre Mutter sich erkundigt. Sie hasste Gespräche über Krankheiten oder das Sterbebett, und dass sie sich zu dieser Frage überwunden hatte, bedeutete, dass Enids Verstörung nicht zu übersehen war.

»Sind es die Kinder, die du liebgewonnen hast?«, fragte sie. »Die armen kleinen Würmchen.«

Enid sagte, sie hätte nur das Problem, nach einem langen Fall zur Ruhe zu kommen, und ein hoffnungsloser Fall brachte natürlich besondere Belastungen mit sich. Tagsüber verließ sie das Haus ihrer Mutter nicht, aber nachts, wenn sie sicher sein konnte, niemandem zu begegnen und nicht reden zu müssen, unternahm sie lange Spaziergänge. So kam sie einmal an den Mauern des Kreisgefängnisses vorbei. Sie wusste, hinter diesen Mauern lag ein Gefängnishof, auf dem früher Verurteilte erhängt worden waren. Inzwischen schon seit vielen Jahren nicht mehr. Das geschah jetzt wohl in einem großen Zentralgefängnis, wenn es denn geschehen musste. Und es war lange her, dass jemand aus dieser Gemeinde ein so strafwürdiges Verbrechen begangen hatte.

Als sie Rupert nun am Tisch gegenübersaß, der Tür zu Mrs. Quinns Zimmer zugewandt, hatte sie fast ihren Vorwand vergessen, war fast davon abgekommen, was sie hergeführt hatte. Doch da spürte sie ihre Handtasche im Schoß, das Gewicht ihrer Kamera darin – das rief es ihr wieder in Erinnerung.

»Ich möchte Sie um etwas bitten«, sagte sie. »Ich dachte, lieber gleich, denn vielleicht ist es sonst zu spät.«

Rupert fragte: »Was denn?«

»Ich weiß, Sie haben ein Ruderboot. Also wollte ich Sie bitten, mich hinauszurudern. Dann kann ich ein Foto machen. Ich möchte so gern ein Foto vom Ufer machen. Es ist so schön dort, mit den Weiden am Fluss.«

»Warum nicht«, sagte Rupert mit dem sorgfältigen Mangel an Erstaunen, den Leute vom Lande angesichts der Unbekümmertheit – oder sogar Unverschämtheit – von Besuchern an den Tag legen.

Denn das war sie jetzt – eine Besucherin.

Sie hatte vor, zu warten, bis sie in der Mitte des Flusses angelangt waren, und ihm dann zu sagen, dass sie nicht schwimmen konnte. Nein, ihn erst zu fragen, wie tief seiner Schätzung nach das Wasser war – und er würde bestimmt antworten, zwei bis drei oder sogar dreieinhalb Meter. Und ihm dann zu sagen, dass sie nicht schwimmen konnte. Was nicht einmal gelogen wäre. Sie war in Valley aufgewachsen, am See, und hatte jeden Sommer ihrer Kindheit am Strand verbracht, ein kräftiges Mädchen, das sich bei allen Spielen hervortat, aber das Wasser machte ihr Angst, und da half kein Zureden oder Vormachen oder Verspotten – sie hatte nicht schwimmen gelernt.

Er brauchte nichts weiter zu tun als ihr mit einem der Ruder einen Schubs zu geben und sie ins Wasser zu stoßen und zuzusehen, wie sie unterging. Dann das Boot draußen auf dem Wasser zu lassen und ans Ufer zu schwimmen, sich umzuziehen und zu sagen, er wäre vom Stall oder von einem Spaziergang hereingekommen, und wo war sie? Sogar die Kamera würde, wenn man sie überhaupt fand, alles nur plausibler machen. Enid war eben mit dem Boot hinausgerudert, um ein Foto zu machen, und irgendwie ins Wasser gefallen.

Sobald er seinen Vorteil begriff, würde sie es ihm sagen. Und würde fragen: Ist es wahr?

Wenn es nicht stimmte, würde er sie wegen dieser Frage hassen. Wenn es aber stimmte – und glaubte sie nicht fest, dass es stimmte? –, würde er sie auf andere, gefährlichere Weise hassen. Selbst wenn sie sofort versprach – und es ernst meinte, ganz ernst –, niemandem je etwas davon zu sagen.

Sie würde sehr leise sprechen, immer im Gedanken daran, wie weit Stimmen an einem Sommerabend auf dem Wasser tragen.

Ich werde nichts sagen, aber du. Denn du kannst mit solch einem Geheimnis nicht weiterleben.

Mit einer solchen Last kannst du nicht durch die Welt gehen. Du wirst dein Leben nicht ertragen können.

Wenn Enid so weit gelangt war, und er weder alles abgestritten noch sie ins Wasser gestoßen hatte, würde sie wissen: sie hatte das riskante Spiel gewonnen. Dann war noch viel Überredungskunst erforderlich, leise, aber fest, um ihn dahinzubringen, dass er ans Ufer zurückruderte.

Oder aber er fragte ratlos: Was soll ich tun?, und dann führte sie ihn Schritt für Schritt und sagte als Erstes: Rudere zurück.

Der erste Schritt einer langen, schweren Reise.

Dann sagte sie ihm jeden Schritt und blieb so viele Schritte wie möglich bei ihm. Binde jetzt das Boot fest. Geh das Ufer hinauf. Geh über die Wiese. Öffne das Gatter. Sie ging hinter ihm oder vor ihm, je nachdem, was ihm lieber war. Ober den Hof und zur Veranda hinauf und in die Küche.

Dann werden sie sich verabschieden und getrennt in ihre Autos steigen, und dann wird es seine Sache sein, wohin er fährt. Und sie wird nicht am nächsten Tag das Polizeirevier anrufen. Sie wird warten, und die Polizei wird sie anrufen, und sie wird ihn im Gefängnis besuchen. Jeden Tag oder so oft, wie man es ihr gestattet, wird sie im Gefängnis mit ihm sprechen, und sie wird ihm auch Briefe schreiben. Wenn man ihn in ein anderes Gefängnis verlegt, wird sie dorthin fahren; auch wenn sie ihn nur einmal im Monat besuchen darf, wird sie ihm nahe sein. Und im Gerichtssaal wird sie jeden Tag dort sitzen, wo er sie sehen kann.

Sie glaubt nicht, dass irgendjemand für so einen Mord, der in gewisser Weise ein Unfall und ganz bestimmt ein Verbrechen aus Leidenschaft war, die Todesstrafe erhalten wird, aber der Schatten ist da, um sie zu ernüchtern, wenn für ihr Gefühl diese Bilder der Hingabe, einer Bindung, die der Liebe gleichkommt, aber über sie hinausgeht, unzüchtig werden.

Jetzt hat es angefangen. Mit ihrer Bitte, hinausgerudert zu werden, ihrem Vorwand eines Fotos. Beide

stehen auf, und sie blickt auf die Tür des Kranken-
zimmers – nun wieder Wohnzimmer –, die geschlossen ist.

Sie sagt etwas Dummes.

»Sind die Bettdecken von den Fenstern abgenommen worden?«

Er scheint einen Moment lang nicht zu wissen,
wovon sie redet. Dann sagt er: »Die Bettdecken. Ja.
Ich glaube, Olive hat sie abgenommen. Wir hatten da
drin die Leichenfeier.«

»Ich dachte nur. Sonst bleicht die Sonne sie aus.«

Er macht die Tür auf, und sie kommt um den
Tisch herum, und beide schauen ins Zimmer. Er
sagt: »Sie können hineingehen, wenn Sie wollen.
Nichts dagegen. Kommen Sie.«

Das Bett ist natürlich verschwunden. Die Möbel
sind an die Wände gerückt worden. Die Mitte des
Zimmers, wo sie wohl die Stühle für die Leichenfeier
aufgestellt hatten, ist leer. Ebenso der Platz zwischen
den Nordfenstern – dort muss der Sarg gestanden haben. Der Tisch, auf den Enid immer die Waschschüssel stellte und die Handtücher, die Watte, die Löffel
und Medikamente legte, ist in eine Ecke gequetscht
worden, mit einem Strauß Rittersporn darauf. In den
hohen Fenstern steht noch helles Tageslicht.

»Lügen« ist das Wort, das Enid jetzt hören kann,
von den vielen Wörtern, die Mrs. Quinn in diesem
Zimmer gesagt hat. *Lügen. Alles Lügen, jede Wette.*

Konnte jemand etwas so Teuflisches mit allen Einzelheiten erfinden? Die Antwort lautet ja. Das Gehirn einer kranken Person, einer sterbenden Person, konnte sich mit allem möglichen Müll füllen und diesen Müll in überzeugendster Weise arrangieren. Enids eigenes Gehirn hatte sich, als sie in diesem Zimmer schlief, mit den widerlichsten Erfindungen gefüllt, mit Dreck. Lügen dieser Art konnten in den Winkeln des Gehirns lauern, konnten wie Fledermäuse in den Ecken hängen und darauf lauern, jede Art von Dunkelheit auszunutzen. Man kann nie sagen: Niemand könnte das erfinden. Man bedenke nur, wie ausführlich Träume sind, mit ihren vielen Schichten, sodass der Teil, an den man sich erinnern und den man in Worte fassen kann, nur das bisschen ist, das man von der obersten Schicht abkratzen kann.

Als Enid vier oder fünf Jahre alt war, hatte sie ihrer Mutter erzählt, dass sie in das Büro ihres Vaters gegangen war und dass sie gesehen hatte, wie er mit einer Frau auf den Knien hinter seinem Schreibtisch saß. Von der Frau war ihr, damals wie jetzt, nur in Erinnerung, dass sie einen Hut mit einem Schleier und vielen Blumen darauf trug (ein Hut, der auch zu jener Zeit völlig unmodern war), und dass ihre Bluse oder ihr Kleid aufgeknöpft war und eine nackte Brust herausstand, deren Spitze im Mund von Enids Vater verschwand. Sie hatte ihrer Mutter davon in der völligen Gewissheit erzählt, es gesehen zu haben. Sie sagte: »Eins von ihren Vorderteilen steckte in Daddys Mund.« Sie wusste das Wort für Brüste nicht, obwohl sie wusste, dass sie paarweise vorkamen.

Ihre Mutter sagte: »Also, Enid! Wovon redest du? Was in aller Welt ist ein Vorderteil?«

»Wie eine Eistüte«, sagte Enid.

Und genau so sah sie es. So sah sie es immer noch vor sich. Die hellbraune Eistüte, die mit der plattgedrückten Kugel Vanilleeis am Oberkörper der Frau klebte und mit dem falschen Ende im Mund ihres Vaters steckte.

Dann tat ihre Mutter etwas völlig Unerwartetes. Sie öffnete ihr Kleid und nahm etwas Dunkelhäutiges heraus, das ihr über die Hand schlappte. »So?«, fragte sie.

Nein, sagte Enid. »Wie eine Eistüte.«

»Dann war es ein Traum«, sagte ihre Mutter. »Träume sind manchmal der reine Quatsch. Sag Daddy nichts davon. Es ist zu dumm.«

Enid glaubte ihrer Mutter nicht sofort, aber nach einem Jahr etwa sah sie ein, dass solch eine Erklärung richtig sein musste, denn Eistüten hafteten niemals in dieser Weise an Damenoberkörpern, und sie waren auch niemals so groß. Als sie noch etwas älter geworden war, erkannte sie, dass der Hut aus einem Bild stammen musste.

Lügen.

Sie hatte ihn noch nicht gefragt, sie hatte noch nicht gesprochen. Noch verpflichtete sie nichts, ihn zu fragen. Es war immer noch *vorher*. Mr. Willens war immer noch von selbst in den Skagerrak-Teich gefahren, absichtlich oder aus Versehen. Alle glaubten das immer noch, und soweit Rupert wusste, glaubte Enid das auch. Und solange das so war, hielten dieses Zimmer und dieses Haus und ihr Leben eine andere Möglichkeit bereit, ganz anders als die, mit der sie in den letzten Tagen gelebt hatte (oder in der sie geschwelgt hatte – je nachdem, wie man es ausdrücken wollte). Diese andere Möglichkeit kam ihr immer näher, und sie brauchte nichts weiter zu tun, als den Mund zu halten und sie kommen zu lassen. Was konnte nicht aus ihrem Schweigen, ihrem Mittun in Schweigen, für Wohl erwachsen. Das Wohl anderer, und auch das ihre.

Dies war etwas, was die meisten Menschen wussten. Etwas Einfaches, und doch hatte Enid so lange gebraucht, um es zu begreifen. Dies war, was die Welt bewohnbar hielt.

Enid hatte zu weinen angefangen. Nicht vor Kummer, sondern vor einem Ansturm der Erleichterung, die sie sich, ohne es zu wissen, erhofft hatte. Jetzt schaute sie Rupert ins Gesicht und sah, seine Augen waren blutunterlaufen, und die Haut darum war faltig und ausgetrocknet, als hätte auch er geweint.

Er sagte: »Sie war nicht glücklich in ihrem Leben.«

Enid entschuldigte sich und ging ihr Taschentuch holen, das in ihrer Handtasche auf dem Küchentisch steckte. Jetzt war ihr peinlich, dass sie sich feingemacht, ein so melodramatisches Schicksal angestrebt hatte.

»Ich weiß nicht, was ich im Kopf hatte«, sagte sie. »In diesen Schuhen kann ich nicht zum Fluss hinuntergehen.«

Rupert machte die Tür zum Wohnzimmer zu.

»Wenn Sie wollen, können wir trotzdem gehen«, sagte er. »Irgendwo müssen Gummistiefel sein, die Ihnen passen.«

Nicht ihre, hoffte Enid. Nein. Ihre wären zu klein.

Rupert machte eine Kiste im Holzschuppen auf, gleich draußen neben der Küchentür. Enid hatte nie einen Blick in diese Kiste geworfen. Sie hatte gedacht, dass sie nur Brennholz enthielt, woran in jenem Sommer nun wirklich kein Bedarf war. Rupert holte verschiedene einzelne Gummistiefel und sogar Schneestiefel heraus und versuchte, ein Paar zu finden.

»Die sehen aus, als könnten sie hinkommen«, sagte er. »Vielleicht waren das Mutters. Oder sogar meine, bevor meine Füße ausgewachsen waren.«

Er zog etwas heraus, das wie ein Stück von einem Zelt aussah, dann, an einem zerrissenen Riemen, einen alten Schulranzen.

»Hab ganz vergessen, was für Krempel hier drin

ist«, sagte er, ließ die Dinge zurückfallen und warf die unbrauchbaren Stiefel hinterher. Er klappte den Deckel zu und stieß für sich einen bekümmerten und förmlich klingenden Seufzer aus.

Ein Haus wie dieses, das so lange von einer Familie bewohnt und in den letzten Jahren vernachlässigt worden war, beherbergte bestimmt viele Kasten, Schubladen, Borde, Koffer, Truhen und Verschläge voller Sachen, und es würde Enid zufallen, sie zu sortieren, einige aufzuheben und zu beschriften, einige wieder benutzbar zu machen und andere kistenweise auf die Müllkippe zu schaffen. Sollte sie diese Chance erhalten, würde sie nicht davor zurückschrecken. Sie würde dieses Haus zu einem Ort machen, der keine Geheimnisse vor ihr hatte und in dem alle Ordnung so war, wie von ihr verfügt.

Er stellte die Stiefel vor sie hin, während sie sich vorbeugte und die Schuhe auszog. Sie roch unter dem Whisky den bitteren Atem, der von einer schlaflosen Nacht und einem langen, schweren Tag kam; sie roch die schweißgetränkte Haut eines hartarbeitenden Mannes, die kein Waschen – zumindest nicht die Waschungen, die er vornahm – ganz erfrischen konnte. Kein Körpergeruch – nicht einmal der Geruch von Sperma – war ihr fremd, aber der Geruch eines Körpers, der so deutlich nicht ihrer Macht oder ihrer Pflege unterstand, besaß etwas Neues und Angreiferisches.

Das willkommen war.

»Mal sehen, ob Sie gehen können«, sagte er.

Sie konnte. Sie ging vor ihm zum Gatter. Er beugte sich über ihre Schulter, um es ihr aufzuhalten. Sie wartete, bis er es verriegelt hatte, dann trat sie beiseite, um ihn vorgehen zu lassen, denn er hatte aus dem Holzschuppen ein kleines Beil mitgebracht, um ihnen den Weg freizuhacken.

»Die Kühe sollten hier den Wuchs niedrig halten«, sagte er. »Aber es gibt Zeugs, das Kühe nicht fressen.«

Sie sagte: »Ich bin nur einmal hier unten gewesen. Frühmorgens.«

Ihre Verzweiflung, ihr damaliger Gemütszustand mussten ihr nun kindisch vorkommen.

Rupert ging und hieb auf die großen, üppigen Disteln ein. Die Sonne warf waagerechtes, staubiges Licht auf das dichte Laubwerk der Bäume vor ihnen. Die Luft war an manchen Stellen klar, dann wieder gerieten sie plötzlich in eine Wolke aus winzigen Gnitzen. Gnitzen nicht größer als Staubkörnchen, die ständig in Bewegung waren und dennoch in Form einer Säule oder Wolke dicht beieinander blieben. Wie brachten sie das fertig? Und wie wählten sie dafür eine ganz bestimmte Stelle vor allen anderen? Es musste etwas mit der Futtersuche zu tun haben. Aber sie schienen sich viel zu schnell zu bewegen, um fressen zu können.

Als sie mit Rupert unter das Dach des Sommerlaubs trat, wurde es Dämmerung, nahezu Nacht. Man musste aufpassen, nicht über Wurzeln zu stolpern, die aus dem Pfad hervorkrochen, oder sich den Kopf an den herabhängenden, überraschend hartstämmigen Ranken zu stoßen. Dann blitzte das Wasser durch die schwarzen Zweige. Das entflammte Wasser auf der anderen Seite des Flusses, wo die Bäume immer noch lichtgeschmückt standen. Auf dieser Seite – sie gingen jetzt zwischen den Weiden hindurch zum Ufer hinunter – war das Wasser teebraun, aber klar.

Und genau wie neulich wartete das Boot wippend im Schatten.

»Die Ruder liegen versteckt«, sagte Rupert. Er verschwand zwischen den Weiden, um sie zu holen. Enid verlor ihn aus den Augen. Sie trat näher an die Wasserkante, ihre Stiefel sanken ein wenig in den Schlamm ein und hielten sie fest. Wenn sie sich Mühe gab, war ihr, als hörte sie Rupert durchs Gebüsch streifen. Aber wenn sie sich auf die Bewegung des Bootes konzentrierte, eine leichte, heimliche Bewegung, dann war ihr, als wäre alles in weitem Umkreis verstummt.

Jakarta

Kath und Sonje haben einen eigenen Platz am Strand, hinter großen Baumstämmen. Den haben sie sich ausgesucht, weil er ihnen Schutz bietet, nicht nur vor dem gelegentlich stark auffrischenden Wind – sie haben Kaths Baby dabei –, sondern auch vor den Blicken einer Gruppe von Frauen, die jeden Tag den Strand bevölkern. Sie nennen diese Frauen die Monicas.

Die Monicas haben zwei oder drei oder vier Kinder pro Nase. Angeführt werden sie von der richtigen Monica, die über den Strand gelaufen kam und sich vorstellte, sobald sie Kath und Sonje und das Baby entdeckt hatte. Sie lud sie ein, sich dem Rudel anzuschließen.

Sie folgten ihr und schleppten die Babytragetasche mit. Was blieb ihnen anderes übrig? Aber seitdem verschanzen sie sich hinter den Baumstämmen.

Das Feldlager der Monicas besteht aus Sonnenschirmen, Badelaken, Windeltaschen, Picknickkörben, aufblasbaren Flößen und Walfischen, Spielsachen, Sonnenschutzmitteln, Kleidungsstücken, Sonnenhüten, Thermosflaschen mit Kaffee, Plastikbechern und -tellern und Kühlboxen, die hausgemachte Eislutscher aus Fruchtsaft enthalten.

Die Monicas sind entweder unverhohlen schwanger oder sehen so aus, als könnten sie schwanger sein, denn sie haben ihre Figur verloren. Sie watscheln ans Wasser und brüllen die Namen ihrer Kinder, die auf Baumstämmen oder den aufblasbaren Walfischen reiten oder gerade davon herunterfallen.

»Wo ist deine Mütze? Wo ist dein Ball? Du bist jetzt lange genug auf dem Ding gewesen, lass Sandy mal ran.«

Sogar wenn sie sich miteinander unterhalten, müssen sie trompeten, um den Lärm und das Geschrei ihrer Kinder zu übertönen.

»Wenn du zu Woodward's gehst, da sind die Frikadellen so billig wie Hamburger.«

»Ich hab's mit Zinksalbe versucht, aber die Wirkung war null.«

»Jetzt hat er einen Abszess in der Leiste.«

»Du darfst kein Backpulver nehmen, du musst Soda nehmen.«

Diese Frauen sind gar nicht viel älter als Kath und Sonje. Aber sie haben ein Lebensstadium erreicht, vor dem ihnen graut. Sie verwandeln den ganzen Strand in eine Plattform. Ihre Probleme, ihr zappeliger Nachwuchs, ihre mütterlichen Pfunde und ihre Lebenstüchtigkeit können alles zunichte machen, das glitzernde Wasser, die traumhafte kleine Bucht mit den rotstämmigen Erdbeerbäumen und den Zedern, die krumm aus den hohen Felsen ringsum wachsen. Kath fühlt sich besonders von ihnen bedroht, denn sie ist jetzt selbst Mutter. Wenn sie ihr Baby stillt, liest sie oft ein Buch und raucht manchmal sogar eine Zigarette, um nicht im Schlamm des Animalischen zu versinken. Und sie stillt, damit ihre Gebärmutter schrumpft und ihr Bauch wieder flach wird, nicht nur, um das Baby – Noelle – mit den wertvollen mütterlichen Abwehrstoffen zu versorgen.

Kath und Sonje haben ihre eigenen Thermosflaschen mit Kaffee und ihre Badelaken, die sie schützend um Noelle drapiert haben. Sie haben ihre Zigaretten und ihre Bücher. Sonje hat ein Buch von Howard Fast. Ihr Mann hat ihr gesagt, wenn sie schon Romane lesen muss, dann wenigstens die von dem. Kath liest die Kurzgeschichten von Katherine Mansfield und die Kurzgeschichten von D. H. Lawrence. Sonje hat sich angewöhnt, ihr eigenes Buch hinzulegen und zu demjenigen zu greifen, das Kath gerade nicht liest. Sie beschränkt sich auf eine Kurzgeschichte und kehrt dann zu Howard Fast zurück.

Wenn sie Hunger bekommen, macht eine von ihnen sich auf den Weg und steigt die lange Holztreppe empor. Häuser umringen die Bucht, oben auf den Felsen zwischen den Kiefern und Zedern. Es sind ehemalige Ferienhäuser, aus der Zeit vor dem Bau der Lions Gate Bridge, als Leute aus Vancouver auf dem Wasserweg herkamen, um hier ihren Urlaub zu verbringen. Einige Häuschen – wie die von Kath und Sonje – sind immer noch ziemlich primitiv und billig zu mieten. Andere wie das der richtigen Monica sind ausgebaut worden. Aber niemand hat vor, hier lange zu bleiben; alle planen, in ein richtiges Haus zu ziehen. Bis auf Sonje und ihren Mann, dessen Pläne undurchsichtiger sind als die aller anderen.

Eine ungepflasterte Ringstraße verbindet die Häuser und mündet an beiden Enden in den Marine Drive. Sie umschließt eine Waldung, um deren hohe Bäume Farn und Brombeersträucher wuchern und die von zahlreichen Pfaden durchschnitten wird, auf denen man den Weg zum Supermarkt am Marine Drive abkürzen kann. Im Supermarkt holen Kath und Sonje sich immer Pommes zum Mitnehmen. Häufiger ist es Kath, die sich auf diese Expedition begibt, denn sie genießt es, unter den Bäumen zu laufen – etwas, was sie mit dem Kinderwagen nicht mehr kann.

Als Kath herzog, war Noelle noch nicht geboren, und sie benutzte fast täglich die Abkürzung durch den Wald, ohne über ihre Freiheit nachzudenken. Eines Tages lernte sie Sonje kennen. Beide hatten bis vor kurzem in der Stadtbücherei von Vancouver gearbeitet, allerdings nicht in derselben Abteilung, sodass sie nie miteinander ins Gespräch gekommen waren. Kath hatte im sechsten Monat der Schwangerschaft aufgehört, wie es von ihr verlangt wurde, damit ihr Anblick die Benutzer nicht verstörte, und Sonje hatte wegen eines Skandals aufgehört.

Oder zumindest wegen einer Geschichte, die in die Zeitungen gelangt war. Cottar, ihr Mann, ein Journalist bei einer Zeitschrift, von der Kath noch nie gehört hatte, war nach Rotchina gereist. Er wurde in den Zeitungen als linkslastig bezeichnet. Sonjes Foto erschien neben seinem, zusammen mit der Information, dass sie in der Stadtbücherei beschäftigt war. Man befürchtete, sie könnte dort kommunistische Bücher empfehlen und Schulkinder beeinflussen, die anschließend womöglich Kommunisten wurden. Niemand sagte, dass sie das getan hatte – nur, dass die Gefahr bestand. Auch verstieß es nicht gegen die Gesetze, wenn Kanadier China besuchten. Aber wie sich herausstellte, waren Cottar und Sonje US-Amerikaner, also ihr Verhalten unter Umständen sorgfältig geplant und umso bedenklicher.

»Ich kenne die Frau«, hatte Kath zu Kent, ihrem Mann, gesagt, als sie das Foto sah. »Wenigstens vom Sehen. Sie hat auf mich immer ziemlich schüchtern gewirkt. Das wird ihr peinlich sein.«

»Ach, kein Stück«, sagte Kent. »Die Sorte, die lieben das Gefühl, verfolgt zu werden, dafür leben die.«

Die Leiterin der Stadtbücherei hatte angeblich gesagt, Sonje hätte gar keine Gelegenheit gehabt, Bücher auszusuchen oder junge Menschen zu beeinflussen, sondern den größten Teil ihrer Zeit damit verbracht, Listen zu tippen.

»Was komisch war«, sagte Sonje zu Kath, nachdem sie sich erkannt und angesprochen und auf dem Waldweg eine halbe Stunde lang miteinander unterhalten hatten. Das Komische war, dass sie überhaupt nicht tippen konnte.

Sie war nicht entlassen worden, aber von sich aus gegangen. Sie fand es angebracht, da auf sie und Cottar in der Zukunft ohnehin Veränderungen zukamen.

Kath fragte sich, ob eine der Veränderungen ein Kind sein konnte. Für ihr Gefühl ging das Leben nach dem Schulabschluss als eine Reihe fortgesetzter Prüfungen weiter, die bestanden werden mussten. Die Erste war, zu heiraten. Wenn eine Frau das nicht mit spätestens fünfundzwanzig getan hatte, dann war diese Prüfung im Grunde nicht bestanden worden. (Sie unterschrieb stets mit »Mrs. Kent Mayberry«, wobei sie Erleichterung und ein leises Hochgefühl verspürte.) Dann musste sie daran denken, das erste Kind zu bekommen. Ein Jahr zu warten, bevor sie schwanger wurde, war eine gute Idee. Zwei Jahre zu warten war ein bisschen vorsichtiger als nötig. Und drei Jahre brachten die Leute auf komische

Gedanken. Dann ging es irgendwann weiter mit dem zweiten Kind. Danach lag der Weg zunehmend im Dunkeln, und es ließ sich schwer sagen, wo das Ziel lag und wann es erreicht war.

Sonje war keine von den Freundinnen, die erzählten, wie sehr sie versuchten, ein Kind zu kriegen, und wie lange sie es schon versuchten und welche Techniken sie benutzten. Sonje redete nie in dieser Weise über Sex oder über ihre Regel oder ihren Körper – obwohl sie Kath bald Dinge erzählte, die für die meisten Leute wesentlich schockierender gewesen wären. Sie besaß eine würdevolle Grazie – eigentlich hatte sie Balletttänzerin werden wollen, doch dann war sie dafür zu groß geworden, was sie immer bedauerte, bis sie Cottar kennenlernte, der sagte: »Ach, noch so eine höhere Tochter, die hofft, aus ihr wird mal ein sterbender Schwan.« Ihr Gesicht war breit, still, rosig – sie trug nie Make-up, Cottar war gegen Make-up –, und ihr kräftiges blondes Haar war zu einem buschigen Knoten gebunden. Kath fand, sie sah wundervoll aus – engelhaft und dabei intelligent.

Kath und Sonje essen am Strand ihre Pommes und sprechen über Personen in den Erzählungen, die sie gelesen haben. Wie kommt es, dass keine Frau Stanley Burnell lieben kann? Was hat Stanley an sich? Ein großes Kind ist er, mit seiner bedrängenden Liebe, seiner Gier bei Tisch, seiner Selbstzufriedenheit. Wohingegen Jonathan Trout – ach, Stanleys Frau Linda hätte Jonathan Trout heiraten sollen, Jonathan, der durchs Wasser glitt, während Stanley planschte und prustete. »Sei mir gegrüßt, meine himmlische Pfirsichblüte«, sagt Jonathan mit seiner samtigen Bassstimme. Er verfügt über Ironie, er ist feinsinnig und elegisch. »Die Kürze des Lebens, die Kürze des Lebens«, sagt er. Und Stanleys dreiste, laute Welt fällt entlarvt in sich zusammen.

Etwas macht Kath zu schaffen. Sie kann nicht darüber reden oder darüber nachdenken. Ist Kent so ähnlich wie Stanley?

Eines Tages geraten sie in Streit. Kath und Sonje geraten unerwartet in einen erbitterten Streit über eine Erzählung von D. H. Lawrence. Die Erzählung hat den Titel »Der Fuchs«.

Am Ende dieser Erzählung sitzen die Liebenden – ein Soldat und eine Frau namens March – auf den Klippen an der Atlantikküste und schauen nach Westen, hin zu ihrem zukünftigen Heim in Kanada. Sie werden England verlassen, um ein neues Leben zu beginnen. Sie haben sich gebunden, aber sie sind nicht wahrhaft glücklich. Noch nicht.

Der Soldat weiß, dass beide erst dann wahrhaft glücklich sein werden, wenn die Frau ihm ihr Leben hingibt, in einer Weise, wie sie es bisher noch nicht getan hat. March kämpft immer noch gegen ihn an, um sich von ihm abzugrenzen, macht alle beide mit ihrem Bemühen, an ihrer Frauenseele, ihrem Frauenbewusstsein festzuhalten, insgeheim unglücklich. Sie muss damit aufhören – sie muss aufhören zu denken und aufhören zu wollen und ihren Geist untergehen lassen, bis er völlig in seinen eingetaucht ist. Wie das Seegras, das unter der Wasseroberfläche hin und her wogt. Schau hinunter, schau hinunter – schau, wie das Seegras im Wasser wogt, es lebt, doch es durchbricht nie die Oberfläche. Und so muss ihr weibliches Wesen in seinem männlichen Wesen leben. Dann wird sie glücklich sein und er stark und zufrieden. Dann wird ihnen die wahre Ehe gelungen sein.

Kath sagt, sie findet das blöde.

Sie macht sich an die Begründung. »Er redet doch von Sex, ja?«

»Nicht nur«, sagt Sonje. »Von ihrem ganzen Leben.«

»Ja, aber Sex. Sex führt zu Schwangerschaft. Ich meine, normalerweise. Also bekommt March ein Kind. Wahrscheinlich noch weitere. Und um die muss sie sich kümmern. Wie kann sie das, wenn ihr Geist unter der Meeresoberfläche hin und her wogt?«

»Das ist allzu wörtlich genommen«, sagt Sonje in leicht überlegenem Tonfall.

»Entweder kannst du dir Gedanken machen und Entscheidungen treffen, oder du kannst es nicht«, sagt Kath. »Zum Beispiel, das Baby greift nach einer Rasierklinge. Was machst du? Sagst du bloß: Ach, ich werde einfach hier schweben, bis mein Mann nach Hause kommt, und dann kann er sich den Kopf zerbrechen, das heißt, unseren Kopf, ob das eine gute Idee ist?«

Sonje sagt: »Das ist jetzt aber auf die Spitze getrieben.«

Ihrer beider Stimmen sind scharf geworden. Kath ist forsch und spöttisch, Sonje ernst und eigensinnig.

»Lawrence wollte keine Kinder«, sagt Kath. »Er war eifersüchtig auf Friedas Kinder aus erster Ehe.«

Sonje schaut zwischen ihren Knien zu Boden und lässt Sand durch ihre Finger rieseln.

»Ich glaube einfach, es wäre schön«, sagt sie. »Ich glaube, es wäre schön, wenn eine Frau das könnte.«

Kath weiß, dass etwas schiefgegangen ist. Etwas stimmt nicht an ihrem Argument. Warum ist sie so wütend und aufgebracht? Und warum hat sie das Thema gewechselt und über Kinder geredet? Weil sie ein Kind hat und Sonje nicht? Hat sie das über Lawrence und Frieda gesagt, weil sie den Verdacht hegt, dass es teilweise auch bei Cottar und Sonje so ist?

Wenn eine Frau auf der Grundlage von Kindern argumentiert, um die sie sich kümmern muss, ist sie aus allem raus. Unangreifbar. Aber wenn Kath das tut, will sie etwas vertuschen. Sie kann den Teil über das Seegras und das Wasser nicht ertragen, sie hat das Gefühl, an unklarem Protest zu ersticken. Also denkt sie dabei an sich selbst und nicht an Kinder. Sie selbst ist genau die Frau, über die Lawrence herzieht. Und sie kann das nicht geradeheraus zugeben, denn es könnte Sonje auf den Verdacht bringen – und nicht nur Sonje, sondern auch Kath selbst –, dass Kaths Leben an einer Verarmung leidet.

Sonje, die in einem anderen ärgerlichen Gespräch gesagt hat: »Mein Glück steht und fällt mit Cottar.«

Mein Glück steht und fällt mit Cottar.

Diese Feststellung hat Kath erschüttert. Sie hätte das nie von Kent gesagt. Sie wollte nicht, dass es auch auf sie zutraf.

Andererseits sollte Sonje nicht denken, sie sei eine Frau, die es in der Liebe nicht geschafft hatte. Die sie nicht angestrebt hatte, der sie nicht angeboten worden war, die Unterwerfung in der Liebe.

II

Kent erinnerte sich an den Namen der kleinen Stadt in Oregon, in die Cottar und Sonje gezogen waren. Oder in die Sonje gezogen war, am Ende jenes Sommers. Sie war dorthin gegangen, um Cottars Mutter zu versorgen, während Cottar sich auf eine weitere seiner als journalistische Dienstreisen getarnten Vergnügungsfahrten in den Fernen Osten begeben hatte. Nach seiner Chinareise war ein reales oder eingebildetes Problem mit seiner Rückkehr in die Vereinigten

Staaten aufgetaucht. Er hatte geplant, sich nach seiner Rückkehr mit Sonje in Kanada zu treffen und vielleicht auch seine Mutter dorthin zu holen.

Es bestand nicht viel Aussicht, dass Sonje immer noch in der Stadt lebte. Höchstens vielleicht die Mutter. Kent sagte, dass es sich nicht lohnte, dafür anzuhalten, aber Deborah sagte: Warum nicht, wäre doch interessant, das herauszufinden? Und eine Nachfrage auf dem Postamt erbrachte eine Wegbeschreibung.

Kent und Deborah fuhren aus der Stadt heraus und durch die Sanddünen – Deborah saß am Steuer wie meistens auf dieser langen, gemächlichen Reise. Sie hatten Kents Tochter Noelle besucht, die in Toronto lebte, und seine beiden Söhne von Pat, seiner zweiten Frau – den einen in Montreal und den anderen in Maryland. Sie waren ein paar Tage bei alten Freunden von Kent und Pat geblieben, die jetzt in einer bewachten Wohnanlage in Arizona lebten, und bei Deborahs Eltern – die ungefähr in Kents Alter waren – in Santa Barbara. Jetzt fuhren sie die Westküste hoch, heim nach Vancouver, ließen sich aber jeden Tag Zeit, um Kent nicht übermäßig zu ermüden.

Die Dünen waren mit Gras bewachsen. Sie sahen wie ganz normale Hügel aus, bis auf entblößte sandige Schultern, die der Landschaft etwas Verspieltes gaben. Das Werk eines Kindes, aufgequollen ins Gigantische.

Die Straße endete bei dem Haus, das ihnen beschrieben worden war. Gar nicht zu verfehlen. Da war das Schild – PAZIFIK-TANZSCHULE. Und Sonjes Name, und darunter ein Schild: ZU VERKAUFEN. Eine alte Frau machte sich mit einer Heckenschere an einem der Sträucher im Garten zu schaffen.

Also lebte Cottars Mutter immer noch. Aber dann fiel Kent ein, dass Cottars Mutter blind war. Deshalb musste ja damals jemand zu ihr ziehen, als Cottars Vater starb.

Was trieb sie also mit der Heckenschere, wenn sie blind war?

Er hatte den üblichen Fehler begangen, sich nicht klar zu machen, wie viele Jahre – Jahrzehnte – vergangen waren. Und wie steinalt die Mutter inzwischen sein musste. Wie alt Sonje sein musste, wie alt er selbst war. Denn es war Sonje, und anfangs erkannte sie ihn auch nicht. Sie bückte sich, um die Heckenschere in den Boden zu spießen, sie wischte sich die Hände an ihren Jeans ab. Er spürte die Steifheit ihrer Bewegungen in den eigenen Gelenken. Ihr Haar war weiß und spärlich, es wehte in der leichten Meeresbrise, die zwischen den Dünen ihren Weg hierher fand. Die feste Fleischhülle um ihre Knochen war verschwunden. Sie war immer flachbrüstig gewesen, aber in der Taille nicht so dünn. Breiter Rücken, breites Gesicht, ein Mädchen nordischen Typs. Obwohl ihr Vorname nicht daher stammte – er erinnerte sich an eine Geschichte, dass sie den Namen Sonja erhalten hatte, weil ihre Mutter die Filme mit Sonja Henie liebte. Sie änderte von sich aus die Schreibweise und verachtete die Oberflächlichkeit ihrer Mutter. Alle verachteten sie damals ihre Eltern für irgendetwas.

Er konnte in der grellen Sonne ihr Gesicht nicht genau erkennen. Aber er sah mehrere glänzende, silberweiße Flecke, wo wahrscheinlich Hautkrebs entfernt worden war.

»Also Kent«, sagte sie. »So was Komisches. Ich dachte, du wärst jemand, der mein Haus kaufen will. Und das ist Noelle?«

Nun hatte auch sie ihren Fehler begangen.

Deborah war sogar noch ein Jahr jünger als Noelle. Aber sie hatte nichts von einem Püppchen an sich. Kent hatte sie nach seiner ersten Operation kennengelernt. Da war er Witwer und sie eine unverheiratete Physiotherapeutin. Eine abgeklärte, ruhige Frau, die der Mode und der Ironie misstraute – sie trug ihr Haar zu einem langen Zopf geflochten. Sie hatte ihm Yoga beigebracht, wie auch die vorgeschriebenen Übungen, und jetzt sorgte sie dafür, dass er Vitamine nahm und Ginseng. Sie war taktvoll und frei von Neugier bis hin zur Gleichgültigkeit. Vielleicht war es für eine Frau ihrer Generation selbstverständlich, dass jeder eine reich bevölkerte und unübertragbare Vergangenheit besaß.

Sonje bat ihre Besucher ins Haus. Deborah sagte, sie werde die beiden ihren Erinnerungen überlassen

– sie wolle zu einem Naturkostladen (Sonje sagte ihr, wo einer war) und einen Strandspaziergang machen.

Als Erstes fiel Kent an dem Haus auf, wie kalt es darin war. An einem strahlenden Sommertag. Aber Häuser an der Nordwestküste sind selten so warm, wie sie aussehen – man braucht nur aus der Sonne zu gehen, und sofort spürt man einen klammen Hauch. Nebelschwaden und regnerische Winterkälte mussten seit langer Zeit fast ohne Gegenwehr in dieses Haus eingedrungen sein. Es war ein großer, aus Holz erbauter Bungalow, stark reparaturbedürftig, aber nicht schmucklos mit seiner Veranda und seinen Dachgauben. In West Vancouver, wo Kent immer noch lebte, hatte es früher viele solche Häuser gegeben. Aber die meisten waren mit Abrissgenehmigung verkauft worden.

Die beiden großen, ineinander übergehenden Wohnzimmer standen bis auf ein Klavier leer. Der Fußboden war in der Mitte grau abgetreten und in den Ecken schwarzbraun gebohnert. An einer Wand war eine Ballettstange angebracht und gegenüber ein staubiger Spiegel, in dem er zwei hagere, weißhaarige Gestalten vorbeigehen sah. Sonje sagte, dass sie versuchte, das Haus zu verkaufen – das sah man ja an dem Schild –, und da dieser Teil als Tanzstudio eingerichtet worden war, fand sie, sie konnte es ruhig so lassen.

»Man kann immer noch was Gutes draus machen«, sagte sie. Sie erzählte, sie hätten die Schule um 1960 eingerichtet, bald nachdem sie gehört hatten, dass Cottar tot sei. Cottars Mutter Delia spielte Klavier. Sie spielte, bis sie fast neunzig Jahre alt war und einen Dachschaden bekam. (»Entschuldige«, sagte Sonje, »aber irgendwann wird man mit so was salopp.«) Sonje musste sie in ein Pflegeheim geben und ging jeden Tag hin, um sie zu füttern, obwohl Delia sie nicht mehr erkannte. Und sie holte sich neue Leute fürs Klavier, aber das klappte nicht recht. Außerdem konnte sie selber allmählich den Schülerinnen nichts mehr zeigen, sondern nur noch was sagen. Also sah sie ein, dass es Zeit war aufzugeben.

Was war sie früher für eine stattliche junge Frau gewesen, allerdings nicht sehr mitteilsam. Nicht besonders entgegenkommend, war wenigstens sein Eindruck gewesen. Und jetzt huschte und schwatzte sie nach Art von Menschen, die zu viel allein waren.

»Es lief gut, als wir anfingen, kleine Mädchen begeisterten sich damals fürs Ballett, aber dann kam das alles aus der Mode, weißt du, es war zu förmlich. Aber nie völlig, und dann in den achtziger Jahren zogen viele junge Familien her, die offenbar eine Menge Geld hatten, woher hatten die so viel Geld? Und es hätte wieder toll laufen können, aber ich hab's irgendwie nicht gepackt.«

Sie sagte, dass vielleicht die Luft heraus war oder der Antrieb weg war, als ihre Schwiegermutter starb.

»Wir waren die allerbesten Freundinnen«, sagte sie. »Immer.«

Die Küche war ein weiterer großer Raum, den die Schränke und Haushaltsgeräte nicht richtig füllten. Der Fußboden bestand aus grauen und schwarzen Fliesen – oder vielleicht aus schwarzen und weißen Fliesen, deren Weiß von schmutzigem Aufwischwasser grau war. Sie gingen durch einen von Regalen gesäumten Flur, Regalen, die bis zur Decke reichten und mit Büchern und zerfledderten Illustrierten voll gestopft waren, vielleicht sogar mit Zeitungen. Ein Geruch nach mürbem, altem Papier. Hier war der Boden mit Sisalläufern ausgelegt, die bis auf eine Seitenveranda reichten, wo Kent endlich die Möglichkeit bekam, sich hinzusetzen. Rattansitzbank und -sessel, und zwar echte, die einiges wert sein könnten, wenn sie nicht unmittelbar vor dem Zerfall stünden. Bambusjalousien, auch nicht im besten Zustand, aufgerollt oder halb heruntergelassen, und draußen verwilderte Sträucher, die an die Fenster drückten. Kent kannte nicht viele Pflanzennamen, aber er erkannte diese Sträucher als eine Sorte, die auf sandigem Boden wuchs. Ihre Blätter waren hart und glänzend – als wären sie in Öl getaucht.

Als sie durch die Küche gingen, hatte Sonje den Kessel für Tee aufgesetzt. Jetzt sank sie in einen der Sessel, als wäre auch sie froh, zu sitzen. Sie hielt ihre schmutzigen, grobknochigen Hände hoch.

»Ich geh gleich mich waschen«, sagte sie. »Ich hab dich gar nicht gefragt, ob du Tee willst. Ich kann auch Kaffee kochen. Oder wenn du magst, lass ich beides weg und mach uns gleich einen Gin Tonic. Warum eigentlich nicht? Hört sich doch gut an.«

Das Telefon klingelte. Ein aufstörendes, lautes, altmodisches Klingeln. Es klang, als käme es aus der Diele gleich nebenan, aber Sonje eilte in die Küche.

Sie redete eine Weile, unterbrach nur kurz, um den Kessel vom Herd zu nehmen, als er pfiff. Er hörte sie »gerade Besuch« sagen und hoffte, sie wimmelte nicht jemanden ab, der sich das Haus ansehen wollte. Ihr genervter Tonfall erweckte bei ihm den Eindruck, dass der Anruf nicht nur ein freundschaftlicher Plausch war und vielleicht etwas mit Geld zu tun hatte. Er gab sich Mühe, nichts mehr davon aufzuschnappen.

Die im Flur gestapelten Bücher und Zeitschriften hatten ihn an Sonjes und Cottars Haus über der Bucht erinnert. Es war das Unwohnliche, Verwahrloste, was ihn daran erinnerte. Das große Zimmer im Erdgeschoss war von einem Kamin beheizt worden, und obwohl – bei seinem einzigen Besuch – ein Feuer darin brannte, quoll er über von alter Asche, verkohlten Apfelsinenschalen und Abfallresten. Überall lagen Bücher und Broschüren. Statt einer Couch stand eine Liege da – man musste entweder mit den Füßen auf dem Boden und nichts im Rücken dasitzen oder raufkrabbeln, sich an die Wand lehnen und die Beine anziehen. So saßen Kath und Sonje. Sie hielten sich aus dem Gespräch fast ganz heraus. Kent saß in einem Sessel, den er von einem Buch befreit hatte, einem Band mit abgegriffenem Umschlag und dem Titel *Der Bürgerkrieg in Frankreich*. So nennen sie also jetzt die Französische Revolution, dachte er. Dann sah er den Namen des Autors, Karl Marx. Aber schon davor fühlte er die Feindseligkeit, die Verteilung im Raum. So, wie man sich in einem Raum voller frommer Traktate und Jesusbilder, Jesus auf einem Esel, Jesus auf dem See Genezareth, fühlen würde, vor Gericht gestellt und verurteilt. Nicht nur von den Büchern und Druckschriften – es steckte auch in der Kaminschweinerei und dem stark abgetretenen Teppich und den Rupfenvorhängen. Kents Hemd mit Krawatte war falsch. Er hatte das schon an den Blicken geahnt, die Kath darauf geworfen hatte, aber er hatte es nun einmal angezogen und behielt es an. Sie trug eins seiner alten Hemden über Jeans, die von etlichen Sicherheitsnadeln zusammengehalten wurden. Er hatte das anlässlich einer Einladung zum Abendessen für einen reichlich schlampigen Aufzug gehalten, war aber zu dem Schluss gekommen, dass sie vielleicht in nichts anderes mehr hineinpasste.

Das war unmittelbar, bevor Noelle geboren wurde.

Cottar bereitete das Essen zu. Es war ein Curry und, wie sich herausstellte, sehr gut. Sie tranken Bier.

Cottar war über dreißig, älter als Sonje und Kath und Kent. Hochgewachsen, schmalschultrig, hohe, kahle Stirn und spärlicher Backenbart. Hastige, leise, heimlichtuerische Sprechweise.

Ein älteres Ehepaar war auch da, eine Frau mit Hängebusen und ergrauendem, im Nacken zusammengerolltem Haar und ein kleiner, sich kerzengerade haltender Mann in schmuddeliger Kleidung, der aber etwas Adrettes an sich hatte durch seine scharf artikulierende, gereizte Stimme und seine Angewohnheit, mit den Händen säuberliche Quadrate zu formen. Und dann war noch ein junger Mann da, ein Rotschopf mit hervorquellenden, wässrigen Augen und pickeliger Haut. Er machte ein Abendstudium und verdiente sein Geld damit, in einem Lastwagen die für die Botenjungen bestimmten Zeitungsbündel auszufahren. Offenbar hatte er gerade erst damit angefangen, und der ältere Mann, der ihn kannte, hänselte ihn mit der Schande, solch eine Zeitung auszuliefern. Werkzeug der kapitalistischen Klassen, Sprachrohr der Elite.

Obwohl das mit scherzhaftem Unterton gesagt wurde, konnte Kent es nicht durchgehen lassen. Besser gleich hineinspringen, dachte er, und nicht erst später. Er sagte, er finde an der Zeitung nicht viel auszusetzen.

Auf so etwas hatten sie nur gewartet. Der ältere Mann hatte schon herausbekommen, dass Kent

Pharmazeut war und bei einer der Drugstore-Ketten arbeitete. Und der junge Mann hatte schon gefragt: »Laufen Sie auf der Management-Schiene?«, und zwar so, dass die anderen das als Witz verstanden, nur Kent nicht. Kent hatte geantwortet, das hoffe er.

Der Curry wurde aufgetragen, und sie aßen und tranken weiter Bier, und das Feuer erhielt frisches Holz, und der Frühlingshimmel wurde dunkel, und die Lichter von Point Grey erschienen auf der anderen Seite des Burrard Inlet, und Kent nahm es auf sich, den Kapitalismus zu verteidigen, den Koreakrieg, die Kernwaffen, John Foster Dulles, die Hinrichtung der Rosenbergs – alles, was sie ihm an den Kopf warfen. Er hatte nur Hohn für den Gedanken, dass amerikanische Konzerne afrikanische Mütter dahin brachten, Trockenmilch zu kaufen, anstatt ihre Babys zu stillen, und dass die Königlich-Kanadische Berittene Polizei Indianer brutal misshandelte, und vor allem für die Vorstellung, Cottars Telefon könnte abgehört werden. Er zitierte aus dem Nachrichtenmagazin *Time* und kündigte diese Zitate an.

Der jüngere Mann klatschte sich auf die Knie und schüttelte den Kopf und brach in ungläubiges Gelächter aus.

»Das ist doch nicht zu fassen! Könnt ihr das fassen? Ich nicht.«

Cottar ließ ein Argument nach dem anderen aufmarschieren und versuchte, seine Verärgerung in Zaum zu halten, denn er hielt sich für einen vernünftigen Menschen. Der ältere Mann erging sich in professoralen Abschweifungen, und die Frau mit dem Hängebusen warf in einem Ton giftgetränkter Höflichkeit Bemerkungen ein.

»Warum ist Ihnen so viel daran gelegen, die Obrigkeit zu verteidigen, wo immer sie ihr entzückendes Haupt erhebt?«

Kent wusste es nicht. Er wusste nicht, was ihn anstachelte. Er nahm diese Leute nicht einmal ernst als den Feind. Die drückten sich an den Rändern des wirklichen Lebens herum, hielten flammende Reden und nahmen sich ungeheuer wichtig, wie es Fanatiker jeglicher Couleur taten. Ihnen ging alles Solide ab, im Vergleich zu den Männern, mit denen Kent zu tun hatte. An Kents Arbeitsplatz hatte jeder Fehler Folgen, stand jeder Mitarbeiter ständig in der Verantwortung, man hatte einfach keine Zeit, mit solchen Gedanken herumzuspielen, ob nun Drugstore-Ketten etwas Schlechtes waren oder ob Pharmakonzerne an verbrecherischen Machenschaften beteiligt waren. Das war die wirkliche Welt, und jeden Tag ging er mit der Last seiner und Kaths Zukunft auf den Schultern in diese Welt hinaus. Er bejahte das, er war sogar stolz darauf, und er dachte gar nicht daran, sich bei einer Handvoll Quenglern zu entschuldigen.

»Das Leben wird besser trotz allem, was Sie vorbringen«, hatte er ihnen gesagt. »Sie brauchen sich nur umzuschauen.«

Er distanzierte sich jetzt durchaus nicht von seinem jüngeren Ich. Er fand, er war vielleicht ein bisschen nassforsch gewesen, aber nicht im Unrecht. Doch er machte sich Gedanken über den Zorn in jenem Zimmer, all diese verletzende Energie, was wohl daraus geworden war.

Sonje telefonierte nicht mehr. Sie rief ihm aus der Küche zu: »Den Tee lass ich endgültig weg, es gibt Gin Tonic.«

Als sie die Getränke brachte, fragte er sie, wie lange Cottar schon tot war, und sie antwortete ihm, über dreißig Jahre. Er seufzte und schüttelte den Kopf. So lange schon?

»Er starb sehr schnell an irgendeinem tropischen Virus«, sagte Sonje. »Das passierte in Jakarta. Er war schon unter der Erde, bevor ich überhaupt erfuhr, dass er krank war. Jakarta hieß früher Batavia, hast du das gewusst?«

Kent sagte: »So in etwa.«

»Ich erinnere mich noch an euer Haus«, sagte sie. »Das Wohnzimmer war eigentlich eine Veranda, ging übers ganze Haus, wie unseres. Mit Rollos aus Markisenstoff, grüne und braune Streifen. Kath mochte das Licht, das hindurchfiel, sie nannte es das Urwaldidyll. Du nanntest es die Bruchbude. Jedes Mal,

wenn du von dem Haus gesprochen hast. Die Bruchbude.«

»Es stand auf einzementierten Pfählen«, sagte
Kent. »Die faulten schon durch. Ein Wunder, dass es
nicht eingestürzt ist.«

»Du und Kath, ihr gingt euch immer Häuser ansehen«, sagte Sonje. »An deinem freien Tag seid ihr mit
Noelle im Kinderwagen durch irgendwelche Neu-
bausiedlungen gepilgert. Und habt euch alle neuen
Häuser angesehen. Du weißt ja, wie diese Neubau-
siedlungen damals aussahen. Keine Bürgersteige,
weil angeblich niemand mehr zu Fuß ging, und alle
Bäume abgeholzt, und die Häuser, eins ans andere
geklatscht, starrten sich aus ihren Panoramafenstern
an.«

Kent sagte: »Was konnte man sich denn damals
anderes leisten?«

»Ich weiß, ich weiß. Aber du hast immer gefragt:
›Welches gefällt dir?‹, und Kath hat dir nie geantwortet. Bis du schließlich ausgerastet bist und gefragt
hast, ›gibt es überhaupt ein Haus, das dir gefällt‹, und
sie gesagt hat: ›Ja, die Bruchbude.‹«

Kent konnte sich nicht daran erinnern. Aber er
nahm an, dass es stimmte. Jedenfalls hatte Kath es
Sonje so erzählt.

III

Cottar und Sonje gaben eine Abschiedsparty, bevor Cottar auf die Philippinen oder nach Indonesien oder sonst wohin flog und Sonje nach Oregon fuhr, um für seine Mutter zu sorgen. Alle, die an der Bucht wohnten, waren eingeladen – da die Party draußen im Freien stattfinden sollte, war das die einzig vernünftige Lösung. Außerdem einige Leute, mit denen Sonje und Cottar in einer Kommune gewohnt hatten, bevor sie an die Küste zogen, dann noch Journalisten, die Cottar kannte, und Leute, mit denen Sonje in der Stadtbücherei zusammengearbeitet hatte.

»Einfach alle«, sagte Kath, und Kent fragte fröhlich: »Lauter Linke?« Sie sagte, das wisse sie nicht, eben einfach alle.

Die richtige Monica hatte ihre Babysitterin bestellt, und alle Kinder wurden in ihrem Haus abgeliefert, wobei die Eltern sich an den Kosten beteiligten. Kath brachte Noelle in ihrer Babytragetasche hin, als es anfing, dunkel zu werden. Sie sagte der Frau, dass sie vor Mitternacht zurück sein würde, wenn Noelle wahrscheinlich Hunger bekam und aufwachte. Sie hätte das Fläschchen, das sie vorbereitet hatte, mitnehmen können, aber sie ließ es zu Hause. Sie war unsicher wegen der Party und dachte, vielleicht würde sie froh sein über eine Gelegenheit, wegzukommen.

Sie hatte nie mit Sonje über das Abendessen in Sonjes Haus geredet, als Kent sich mit allen angelegt hatte. Es war Sonjes erste Begegnung mit Kent gewesen, und hinterher sagte sie nur, dass er wirklich fabelhaft aussah. Kath hatte das Empfinden, Kents Aussehen war in Sonjes Augen nur ein läppischer Trostpreis.

Sie hatte an jenem Abend mit dem Rücken an der Wand gesessen und ein Kissen umklammert. Sie hatte sich angewöhnt, ein Kissen an die Stelle zu halten, wo das Baby strampelte. Das Kissen war ausgeblichen und staubig, wie alles in Sonjes Haus (sie und Cottar hatten es möbliert gemietet). Sein Muster blauer Blüten und Blätter sah inzwischen silbrig aus. Kath heftete den Blick darauf, während Kent von den anderen in die Enge getrieben wurde und es nicht einmal merkte. Der junge Mann redete auf ihn mit der melodramatischen Wut eines Sohnes gegenüber seinem Vater ein, und Cottar sprach mit der strapazierten Geduld eines Lehrers gegenüber einem seiner Schüler. Der ältere Mann amüsierte sich verbittert, und die Frau war voll moralischen Abscheus, als wäre Kent persönlich verantwortlich für Hiroshima und asiatische Mädchen, die in zugesperrten Fabriken verbrannten, für jede üble Lüge und hohltönende Heuchelei. Und Kent forderte das meiste davon heraus, war Kaths Eindruck. Sie hatte etwas Ähnliches befürchtet, als sie sein Hemd mit Krawatte sah, und beschlossen, Jeans anzuziehen und nicht den schicklichen Umstandsrock. Und als sie dann dort war, musste sie es aussitzen, das Kissen hierhin und dorthin verdrehen, um das silbrige Glitzern einzufangen.

Alle im Raum waren sich in allem so sicher. Wenn sie eine kurze Atempause einlegten, dann nur, um aus einem nie versiegenden Quell reiner Tugend, reiner Gewissheit zu schöpfen.

Außer vielleicht Sonje. Sonje sagte nichts. Aber Sonjes Quell war Cottar; er war ihre Gewissheit. Sie stand auf, um noch von dem Curry anzubieten, sie sprach in eine der kurzen, wuterfüllten Schweigepausen.

»Offenbar wollte niemand Kokosnuss.«

»Ach, Sonje, spielst du die taktvolle Gastgeberin?«, fragte die ältere Frau. »Wie jemand bei Virginia Woolf?«

Wie es schien, stand Virginia Woolf also auch in Misskredit. Da war so vieles, was Kath nicht verstand. Aber zumindest wusste sie, dass es da war; sie erklärte es nicht kurzerhand für Unsinn.

Trotzdem wünschte sie, ihre Fruchtblase würde platzen. Ihr war alles recht, Hauptsache, es brachte Erlösung. Wenn sie aufsprang und eine Pfütze unter sich machte, mussten sie aufhören.

Hinterher schien Kent vom Verlauf des Abends überhaupt nicht verunsichert zu sein. Zumal er meinte, gewonnen zu haben. »Das sind alles Linke, die müssen so reden«, sagte er. »Das ist das Einzige, was sie machen können.«

Kath wollte auf keinen Fall weiter über Politik reden, deshalb wechselte sie das Thema und erzählte ihm, dass das ältere Paar mit Sonje und Cottar in einer Kommune zusammengelebt hatte. Mit noch einem weiteren Paar, das inzwischen weggezogen war. Und es hatte regelmäßiger Partnertausch stattgefunden. Der ältere Mann hatte zudem noch eine Geliebte, die nicht in der Kommune wohnte, aber zeitweilig am Partnertausch teilnahm.

Kent fragte: »Du willst sagen, junge Männer sind mit der Alten ins Bett gestiegen? Die muss doch fünfzig sein.«

Kath sagte: »Cottar ist achtunddreißig.«

»Trotzdem«, sagte Kent. »Ist ja ekelhaft.«

Aber Kath fand die Vorstellung von solchem vertraglich festgesetzten und obligatorischen Beischlaf mindestens so erotisierend wie ekelhaft. Sich gehorsam und schuldfrei jedwedem hinzugeben, der laut Liste an der Reihe war – das war wie Tempelprostitution. Lust im Gewande der Pflicht. Daran zu denken versetzte sie in tiefe, obszöne Erregung.

Sonje hatte es nicht in Erregung versetzt. Sie hatte keinerlei sexuelle Befreiung erlebt. Cottar fragte sie immer danach, wenn sie zu ihm zurückkam, und sie musste mit Nein antworten. Er war enttäuscht, und sie war um seinetwillen enttäuscht. Er erklärte ihr, dass sie zu sehr auf eine Person fixiert und zu sehr in der Vorstellung von sexuellem Eigentum befangen war, und sie sah ein, dass er recht hatte.

»Ich weiß, er denkt, wenn ich ihn mehr liebte, könnte ich es besser«, sagte sie. »Dabei liebe ich ihn bis zum Wahnsinn.«

Trotz der verführerischen Gedanken, die ihr in den Kopf kamen, war Kath überzeugt, dass sie einzig mit Kent schlafen konnte. Sex war wie etwas, das sie miteinander erfunden hatten. Es mit jemand anderem zu versuchen hieße, auf einen anderen Stromkreis umzuschalten – ihr ganzes Leben würde ihr um die Ohren fliegen. Und doch konnte sie nicht von sich sagen: Ich liebe Kent bis zum Wahnsinn.

Als sie am Strand entlang von Monicas Haus zu Sonjes Haus ging, sah sie Leute auf die Party warten. Sie standen in kleinen Grüppchen herum oder saßen auf Baumstämmen und sahen sich den Rest des Sonnenuntergangs an. Sie tranken Bier. Cottar und ein anderer Mann wuschen einen Abfalleimer aus, um darin den Punsch zu machen. Miss Campo, die Leiterin der Stadtbücherei, saß allein auf einem Baumstamm. Kath winkte ihr fröhlich zu, ging aber nicht hin, um sich ihr anzuschließen. Wenn man sich in diesem Stadium jemandem anschloss, saß man fest. Dann blieb man zu zweit. Das Beste war, sich einer Gruppe von drei oder vier Leuten anzuschließen, selbst wenn man das Gespräch – das aus der Ferne so lebhaft gewirkt hatte – dann fürchterlich mühsam fand. Aber das konnte sie schlecht tun, nachdem sie Miss Campo zugewinkt hatte. Sie musste den Anschein erwecken, ein Ziel zu haben. Also ging sie weiter, an Kent vorbei, der sich mit Monicas Mann darüber unterhielt, wie lange es wohl dauern würde, einen der Baumstämme am Strand zu zersägen, die Treppe zu Sonjes Haus hinauf und in die Küche.

Sonje rührte in einem großen Topf mit Chili, und die ältere Frau aus der Kommune legte Roggenbrotschnitten mit Salami und Käse auf einen großen Teller. Sie hatte dasselbe an wie bei dem Curry-Abendessen, einen pluderigen Rock und einen missfarbenen, aber dafür enganliegenden Pullover, in dem die Brüste, die er so eng umschloss, bis zur Taille hingen. Das hatte offenbar etwas mit Marxismus zu tun, dachte Kath – Cottar wollte nicht, dass Sonje einen Büstenhalter trug oder Nylonstrümpfe oder Lippenstift. Außerdem hatte es mit ungehemmtem, eifersuchtslosem Sex zu tun, mit dem ursprünglichen, unverdorbenen Verlangen, das auch vor einer Fünfzigjährigen nicht zurückschreckte.

Eine junge Frau aus der Stadtbücherei war auch da, sie schnitt grüne Paprikaschoten und Tomaten klein. Und eine Frau, die Kath nicht kannte, saß auf dem Küchenhocker und rauchte eine Zigarette.

»Also mit Ihnen haben wir ja ein Hühnchen zu

rupfen«, sagte die junge Frau aus der Stadtbücherei zu Kath. »Wir alle in der Bibliothek. Wir hören, Sie haben das süßeste Baby der Welt, aber wir kriegen es nicht zu sehen. Wo ist es denn jetzt?«

Kath sagte: »Schläft hoffentlich.«

Die junge Frau hieß Lorraine, aber Sonje und Kath hatten sie in ihren Gesprächen über die Zeit bei der Bücherei Debbie Reynolds getauft. Sie stand immer unter Dampf.

»Och«, sagte sie.

Die Hängebusenfrau warf ihr und auch Kath einen Blick nachdenklichen Abscheus zu.

Kath machte eine Flasche Bier auf und gab sie Sonje, die sagte: »Oh, danke. Ich war so mit dem Chili beschäftigt, dass ich ganz vergessen habe, mir was zu trinken zu nehmen.« Sie war unsicher, weil sie nicht so gut kochen konnte wie Cottar.

»Bloß gut, dass Sie das nicht selber trinken wollten«, sagte die junge Frau aus der Stadtbücherei zu Kath. »Das ist tabu, wenn Sie stillen.«

»Ich habe die ganze Zeit über Bier geschluckt, als ich gestillt habe«, sagte die Frau auf dem Hocker. »Ich glaube, es wurde sogar empfohlen. Das meiste davon pinkelt man sowieso wieder aus.«

Die Augen der Frau waren mit schwarzem Lidstrich umrandet, der die Augenwinkel verlängerte, und ihre Lider waren bis zu den glänzenden schwarzen Brauen mit rotstichigem Blau angemalt. Ihr übriges Gesicht war kreidebleich oder so geschminkt, und ihre Lippen waren so blassrosa, dass sie fast weiß wirkten. Kath hatte solche Gesichter schon gesehen, aber nur in Modezeitschriften.

»Das ist Amy«, sagte Sonje. »Amy, das ist Kath. Entschuldigt, ich habe euch nicht vorgestellt.«

»Sonje, du entschuldigst dich andauernd«, sagte die ältere Frau.

Amy nahm sich ein Stück Käse, das gerade abgeschnitten worden war, und aß es.

Amy war der Name der Geliebten. Der Geliebten von dem Mann der älteren Frau. Plötzlich wollte Kath sie gern kennenlernen, sich mit ihr anfreunden, wie sie sich einmal mit Sonje hatte anfreunden wollen.

Inzwischen war es Nacht geworden, und die Grüppchen am Strand waren nicht mehr so deutlich zu erkennen; sie zeigten stärkere Neigung zusammenzufließen. Unten am Rand des Wassers hatten Frauen die Schuhe ausgezogen, streiften die Strümpfe herunter, falls sie welche trugen, und stippten die Zehen ins Wasser. Die meisten tranken nicht mehr Bier, sondern Punsch, und der Punsch machte bereits eine Reihe von Wandlungen durch. Anfangs hatte er hauptsächlich aus Rum und Ananassaft bestanden, doch inzwischen waren andere Fruchtsäfte und Mineralwasser und Wodka und Wein hinzugefügt worden.

Die, die ihre Schuhe auszogen, wurden angefeuert,

mehr auszuziehen. Manche rannten fast vollständig angezogen ins Wasser, legten dann die Sachen ab und warfen sie Fängern am Ufer zu. Andere zogen sich aus, wo sie waren, und machten sich gegenseitig damit Mut, dass es zu dunkel sei, um etwas zu sehen. Aber man konnte sehr wohl nackte Körper ins dunkle Wasser rennen und hineinstürzen und herumplanschen sehen. Monica hatte einen großen Stapel Handtücher aus ihrem Haus geholt und rief allen zu, sich eins umzuwickeln, wenn sie herauskamen, damit sie sich nicht den Tod holten.

Der Mond ging hinter den schwarzen Bäumen oben auf den Klippen auf und sah so riesengroß aus, so feierlich und atemberaubend, dass es Ausrufe des Erstaunens gab. Was ist denn das? Und auch, als er höher am Himmel stand und zu normaler Größe geschrumpft war, sprachen viele immer wieder von ihm und sagten: »Der Vollmond zu Herbstanfang« oder »Hast du ihn gesehen, als er aufgegangen ist?«

»Ich habe wirklich gedacht, es wäre ein gigantischer Ballon.«

»Ich bin gar nicht drauf gekommen, was das war. Ich hätte nie gedacht, dass der Mond so riesig sein kann.«

Kath stand unten am Wasser und unterhielt sich mit dem Mann, dessen Frau und dessen Geliebte sie vorher in Sonjes Küche gesehen hatte. Seine Frau badete jetzt, ein wenig abseits von den Kreischern und

Planschern. In einem anderen Leben, sagte der Mann, sei er Geistlicher gewesen.

»›Einst wogte auch das Meer des Glaubens auf der höchsten Flut‹«, sagte er scherzhaft. »›Und schmiegte rings sich um die irdischen Gestade wie ein lichter Gürtel‹ – damals war ich mit einer völlig anderen Frau verheiratet.«

Er seufzte, und Kath dachte, er suchte nach dem Rest des Verses.

»›Doch nun‹«, sagte sie, »›vernehm ich weithin nur sein trostlos Brausen fernab der öden Ufer und steinig nackten Küsten dieser Welt.‹« Dann verstummte sie, denn was danach kam, war ihr zu viel: »O Liebe, lass uns treu sein –«

Seine Frau schwamm auf sie zu, bis das Wasser ihr nur noch an die Knie reichte, dann richtete sie sich auf. Ihre Brüste schwangen hin und her und schleuderten Wassertropfen um sich, als sie herauswatete.

Ihr Mann breitete die Arme aus. »Europa«, rief er im Tonfall kameradschaftlicher Begrüßung.

»Dann sind Sie Zeus«, sagte Kath kühn. Sie wollte auf der Stelle von einem solchen Mann geküsst werden. Von einem Mann, den sie kaum kannte und an dem ihr nichts lag. Und wirklich küsste er sie, fuhr mit seiner kühlen Zunge in ihrem Mund herum.

»Man stelle sich vor, ein Erdteil, benannt nach einer Kuh«, sagte er. Seine Frau stand dicht vor ihnen und atmete dankbar nach ihrem anstrengenden Bad.

Sie stand so nah, dass Kath Angst hatte, von ihren langen, dunklen Brustwarzen oder ihrem Mopp schwarzer Schamhaare gestreift zu werden.

Jemand hatte ein Feuer gemacht, und die, die im Wasser gewesen waren, standen jetzt herum, in Decken oder Handtücher gewickelt, oder hockten hinter Baumstämmen und krabbelten in ihre Sachen.

Und Musik spielte. Die Leute, die neben Monica wohnten, besaßen einen Anlegesteg und ein Bootshaus. Ein Plattenspieler war heruntergeholt worden, und einige fingen an zu tanzen. Auf dem Bootssteg und, mühsamer, im Sand. Sogar auf einem Baumstamm machte jemand ein oder zwei Tanzschritte, bevor er stolperte und herunterfiel oder -sprang. Frauen, die sich wieder angezogen oder nie ausgezogen hatten, Frauen die zu ruhelos waren, um an einem Ort zu verharren – wie Kath auch –, gingen am Wasserrand spazieren (niemand badete mehr, Baden war völlig vorbei und vergessen), und wegen der Musik gingen sie anders. Sie wiegten sich in den Hüften, anfangs noch gehemmt, im Scherz, dann frecher, wie schöne Frauen im Film.

Miss Campo saß immer noch an derselben Stelle und lächelte.

Die junge Frau, die Kath und Sonje Debbie Reynolds nannten, saß an einen Baumstamm gelehnt im Sand und weinte. Sie lächelte Kath zu und sagte: »Glauben Sie ja nicht, dass ich traurig bin.«

Ihr Mann hatte für ein College Football gespielt und besaß jetzt eine Karosseriewerkstatt. Wenn er in die Bücherei kam, um seine Frau abzuholen, sah er immer aus wie ein gestandener Footballspieler, den der Rest der Welt ein wenig anwiderte. Aber jetzt kniete er neben ihr und spielte mit ihren Haaren.

»Schon gut«, sagte er. »So ist das jedes Mal bei ihr. Nicht wahr, Schatz?«

»Ja, stimmt«, sagte sie.

Kath fand Sonje beim Feuer, sie ging herum und verteilte Marshmallows. Manche schafften es, sie auf Stöckchen zu spießen und zu toasten, andere warfen sie hin und her und verloren sie im Sand.

»Debbie Reynolds weint«, sagte Kath. »Aber alles in Ordnung. Sie ist glücklich.«

Beide fingen an zu lachen, sie umarmten sich und drückten die Tüte mit Marshmallows zwischen sich platt.

»Ach, du wirst mir fehlen«, sagte Sonje. »Unsere Freundschaft wird mir fehlen.«

»Ja. Ja«, sagte Kath. Beide nahmen sich ein kaltes Marshmallow und aßen es, lachten und sahen einander an, erfüllt von süßer Wehmut.

»Tue dies zum Gedenken an mich«, sagte Kath. »Du bist meine wahrste, echteste Freundin.«

»Und du meine«, sagte Sonje. »Die wahrste, echteste. Cottar sagt, er will heute Nacht mit Amy schlafen.«

»Verbiet es ihm«, sagte Kath. »Verbiet es ihm, wenn du dich schlecht dabei fühlst.«

»Ach, das ist keine Frage des Verbietens«, sagte Sonje tapfer. Sie rief: »Wer möchte Chili? Cottar teilt da drüben den Chili aus. Chili? Chili?«

Cottar hatte den Kessel mit Chili die Treppe heruntergetragen und in den Sand gestellt.

»Vorsicht, heiß«, sagte er immer wieder mit väterlicher Stimme. »Vorsicht, der Kessel ist heiß.«

Er hockte da, um den Gästen aufzutun, nur mit einem Handtuch bekleidet, das aufklappte. Amy stand neben ihm und gab Näpfe aus.

Kath trat vor Cottar und wölbte die Hände zu einer Schale.

»Bitte, Hochwürden«, sagte sie, »ich bin eines Napfes nicht würdig.«

Cottar sprang auf, ließ die Schöpfkelle fallen und legte ihr die Hände auf den gesenkten Kopf.

»Sei gesegnet, mein Kind, die Letzten werden die Ersten sein.« Er küsste sie auf den Nacken.

»Ahh«, sagte Amy, als erhielte oder gäbe sie diesen Kuss selbst.

Kath hob den Kopf und sah an Cottar vorbei.

»Ich würde zu gern solchen Lippenstift auflegen«, sagte sie.

Amy sagte: »Komm mit.« Sie stellte die Näpfe ab und legte Kath sanft den Arm um die Taille und zog sie zur Treppe.

»Hier hinauf«, sagte sie. »Wir werden dich komplett schminken.«

Im winzigen Badezimmer hinter Cottars und Sonjes Schlafzimmer legte Amy Näpfchen und Tuben und Stifte aus. Es gab dafür keinen anderen Platz als den Klodeckel. Kath musste sich auf den Rand der Badewanne hocken, ihr Gesicht berührte beinahe Amys Bauch. Amy verteilte eine Flüssigkeit auf ihren Wangen und rieb eine Paste auf ihre Augenlider. Dann tupfte sie Puder auf. Sie bürstete und tuschte Kaths Augenbrauen und pinselte drei Schichten Mascara auf ihre Wimpern. Sie umrandete ihre Lippen mit einem Konturstift und trug Lippenstift auf und tupfte ihn ab und trug noch einmal Lippenstift auf. Sie nahm Kaths Gesicht in die Hände und neigte es zur Lampe.

Jemand klopfte an die Tür und rüttelte dann daran.

»Moment«, rief Amy. Dann: »Was ist los mit dir, kannst du nicht hinter einen Baumstamm pinkeln?«

Sie ließ Kath erst in den Spiegel schauen, als alles fertig war.

»Und nicht lächeln«, sagte sie. »Das verdirbt die Wirkung.«

Kath zog die Mundwinkel herunter und starrte finster ihr Spiegelbild an. Ihre Lippen waren wie fleischige Blütenblätter, Lilienblütenblätter. Amy zog Kath fort. »So doch nicht«, sagte sie. »Besser, du

166

siehst dich überhaupt nicht, versuch nicht, irgendwie auszusehen, du siehst gut aus.«

»Kneif deine Pobacken zusammen, wir kommen raus«, brüllte sie der neuen Person oder vielleicht derselben Person zu, die an die Tür hämmerte. Sie stopfte ihre Siebensachen in ihr Schminktäschchen und schob es unter die Badewanne. Sie sagte zu Kath: »Komm, meine Schöne.«

Lachend und einander herausfordernd tanzten Amy und Kath auf dem Bootssteg. Männer versuchten, sich zwischen sie zu drängen, aber für eine Weile gelang es ihnen, das zu verhindern. Dann gaben sie auf, sie wurden getrennt, blickten verzweifelt und flatterten mit den Armen wie im Boden feststeckende Vögel, als jede von einem Partner in dessen Umlaufbahn gezogen wurde.

Kath tanzte mit einem Mann, den sie an dem Abend bislang noch nicht gesehen hatte. Er schien etwa in Cottars Alter zu sein. Er war groß, mit den Anfängen eines Schmerbauchs, einem Wust stumpfer, krauser Haare und einem kaputten, verprügelten Ausdruck um die Augen.

»Ich falle gleich runter«, sagte Kath. »Mir ist schwindlig. Ich falle gleich über Bord.«

Er sagte: »Ich fange Sie auf.«

»Mir ist schwindlig, aber ich bin nicht betrunken«, sagte sie.

Er lächelte, und sie dachte, das sagen Betrunkene immer.

»Ist wahr«, sagte sie, und es stimmte, denn sie hatte nicht mal eine Flasche Bier ausgetrunken oder gar den Punsch angerührt.

»Es sei denn, ich hab's durch die Haut aufgenommen«, sagte sie. »Osmose.«

Er antwortete nicht, zog sie nur an sich und ließ sie wieder los, schaute ihr aber unverwandt in die Augen.

Sex mit Kent war gierig und zielstrebig, aber zugleich zurückhaltend. Sie hatten einander nicht verführt, sondern waren in eine intime Beziehung oder das, was sie dafür hielten, mehr oder weniger hineingestolpert und dann dort geblieben. Wenn es nur den Einen oder die Eine im Leben geben soll, braucht nichts zu etwas Besonderem gemacht zu werden – es ist es schon. Sie hatten einander nackt betrachtet, sich aber dabei – außer durch Zufall – nicht in die Augen geschaut.

Genau das tat Kath jetzt mit ihrem unbekannten Partner ohne Unterlass. Sie näherten und entfernten und umkreisten und entschlüpften sich, setzten sich füreinander in Szene und schauten sich in die Augen. Ihre Augen behaupteten, alles das sei nichts im Vergleich zu der wilden Balgerei, die sie veranstalten könnten, wenn sie nur wollten.

Dabei geschah alles im Spaß. Sobald sie sich berührten, ließen sie wieder los. Wenn sie sich nahe waren, öffneten sie den Mund und fuhren sich sinnlich mit der Zunge über die Lippen und wichen sofort zurück, in gespielter Lustlosigkeit.

Kath trug einen kurzärmeligen Angorapullover mit tiefem V-Ausschnitt, vorn zu knöpfen, was für das Stillen praktisch war.

Als sie sich das nächste Mal nahe kamen, hob ihr Partner wie zum Schutz den Arm und streifte mit dem Handrücken und dem bloßen Unterarm über ihre unter der elektrisch aufgeladenen Wolle steifen Brüste. Beide taumelten, brachen beinahe ab. Tanzten weiter – Kath schwach und mit weichen Knien.

Sie hörte jemanden ihren Namen rufen.

Mrs. Mayberry. Mrs. Mayberry.

Es war die Kinderfrau, auf der Treppe vor Monicas Haus.

»Ihr Baby. Ihr Baby ist wach. Können Sie kommen und es stillen?«

Kath erstarrte. Auf unsicheren Beinen bahnte sie sich einen Weg durch die Tanzenden. Außerhalb des Lichtkegels sprang sie herunter und stolperte durch den Sand. Sie wusste, ihr Partner war hinter ihr, sie hörte ihn herunterspringen. Sie war bereit, ihm ihren Mund oder ihre Kehle darzubieten. Aber er packte sie bei der Hüfte, drehte sie herum, fiel auf die Knie und küsste durch die Baumwollhose ihre Scham. Dann stand er auf, behände für einen Mann seiner Größe, und beide wandten sich im gleichen Augenblick voneinander ab. Kath hastete ins Licht und stieg die Treppe zu Monicas Haus empor. Keuchend zog sie sich am Geländer hoch, wie eine alte Frau.

Die Kinderfrau war in der Küche.

»Ach, Ihr Mann«, sagte sie. »Ihr Mann ist gerade mit der Flasche gekommen. Ich wusste nicht, wie die Absprache war, sonst hätt ich mir die Brüllerei sparen können.«

Kath ging weiter in Monicas Wohnzimmer. Das einzige Licht dort kam aus der Diele und der Küche, aber sie konnte erkennen, dass es ein richtiges Wohnzimmer war, keine umgebaute Veranda wie bei ihr und bei Sonje. Sie sah einen modernen skandinavischen Couchtisch und Polstermöbel und Übergardinen.

Kent saß in einem Sessel und gab Noelle die Flasche.

»Hi«, sagte er und sprach leise, obwohl Noelle viel zu kräftig nuckelte, um auch nur halb zu schlafen.

»Hi«, sagte Kath und setzte sich aufs Sofa.

»Ich dachte mir, das wäre vielleicht ganz vernünftig«, sagte er. »Falls du was getrunken hast.«

Kath sagte: »Ich habe nichts getrunken.« Sie hob die Hand, um zu erkunden, wie milchgefüllt ihre Brüste waren, aber die Berührung der Wolle versetzte ihr solch einen Schock des Verlangens, dass sie nicht weitertasten konnte.

»Jetzt kannst du, wenn du willst«, sagte Kent.

Sie blieb vorgebeugt auf der Sofakante sitzen und hätte ihn zu gern gefragt, ob er auf dem vorderen oder dem hinteren Weg hergekommen war. Also auf der Straße oder über den Strand. Wenn er über den Strand gekommen war, hätte er sie eigentlich tanzen sehen müssen. Aber auf dem Bootssteg tanzten jetzt viele, sodass ihm einzelne Tänzer vielleicht nicht aufgefallen waren.

Immerhin hatte die Kinderfrau sie erspäht. Und er musste deren Rufe gehört haben. Dann brauchte er nur zu schauen, in welche Richtung sie rief.

Falls er über den Strand gekommen war. Denn wenn er auf der Straße gekommen und durch die Diele, nicht durch die Küche, ins Haus gegangen war, hatte er die Tanzenden überhaupt nicht sehen können.

»Hast du gehört, dass sie mich gerufen hat?«, fragte Kath. »Bist du deshalb nach Hause gegangen und hast die Flasche geholt?«

»Ich hatte schon vorher daran gedacht«, sagte er. »Ich dachte, es wäre an der Zeit.« Er hielt die Flasche hoch, um zu sehen, wie viel Noelle getrunken hatte.

»Hungrig«, sagte er.

Sie sagte: »Ja.«

»Das ist jetzt deine Gelegenheit. Wenn du dir einen ansaufen willst.«

»Und du? Hast du dir einen angesoffen?«

»Ich habe mein Quantum intus«, sagte er. »Geh ruhig, wenn du willst. Mach dir einen netten Abend.«

Sie fand, seine Großspurigkeit klang traurig und vorgetäuscht. Er musste sie tanzen gesehen haben. Denn sonst hätte er gefragt: »Was hast du denn mit deinem Gesicht angestellt?«

»Ich warte lieber auf dich«, sagte sie.

Er sah stirnrunzelnd das Baby an und hielt die Flasche schräg.

»Fast leer«, sagte er. »Von mir aus können wir.«

»Ich muss nur mal auf die Toilette«, sagte Kath. Und im Badezimmer, wie sie es in Monicas Haus nicht anders erwartet hatte, fand sie einen reichlichen Vorrat an Kleenextüchern. Sie ließ das Wasser laufen, bis es heiß war, weichte und wischte, weichte und wischte, und von Zeit zu Zeit warf sie einen Klumpen schwarzer und violetter Tücher in die Toilette und spülte.

IV

Beim zweiten Gin Tonic, als Kent über die heutzutage horrenden, geradezu unanständigen Immobilienpreise in West Vancouver redete, sagte Sonje: »Weißt du, ich habe eine Theorie.«

»Diese Häuser, in denen wir mal gewohnt haben«,

sagte er. »Die sind lange verkauft. Für ein Butterbrot, im Vergleich zu heute. Jetzt würde man wer weiß was für sie kriegen. Nur für das Grundstück und die Abrissgenehmigung.«

Was hatte sie für eine Theorie? Über die Immobilienpreise?

Nein. Über Cottar. Sie glaubte nicht, dass er tot war.

»Anfangs natürlich schon«, sagte sie. »Es kam mir nie in den Sinn, daran zu zweifeln. Und dann bin ich plötzlich aufgewacht und habe gesehen, dass es nicht unbedingt zu stimmen brauchte. Es brauchte überhaupt nicht zu stimmen.«

Bedenke die Umstände, sagte sie. Ein Arzt hatte ihr geschrieben. Aus Jakarta. Das heißt, der Mann, der ihr schrieb, behauptete, Arzt zu sein. Er schrieb, dass Cottar gestorben war, und woran er gestorben war, er benutzte einen medizinischen Fachausdruck, den sie vergessen hatte. Jedenfalls war es eine ansteckende Krankheit. Aber woher wusste sie, dass dieser Mann wirklich Arzt war? Oder selbst wenn er vielleicht Arzt war, woher wusste sie, dass er die Wahrheit geschrieben hatte? Es wäre für Cottar nicht schwer gewesen, einen Arzt kennenzulernen. Sich mit ihm anzufreunden. Cottar hatte alle möglichen Freunde.

»Oder ihn sogar dafür zu bezahlen«, sagte sie. »Das ist auch nicht außerhalb des Möglichen.«

Kent fragte: »Warum sollte er so was tun?«

»Er wäre nicht der erste Arzt, der so was getan hat. Vielleicht brauchte er das Geld für ein Armenkrankenhaus, woher sollen wir das wissen? Vielleicht wollte er es einfach für sich selbst. Ärzte sind keine Heiligen.«

»Nein«, sagte Kent. »Ich meinte Cottar. Warum sollte Cottar das tun? Und hatte er überhaupt Geld?«

»Nein. Er selbst hatte keins, aber – ich weiß nicht. Es ist sowieso nur eine Hypothese. Das Geld. Und ich war hier, weißt du. Ich war hier, um für seine Mutter zu sorgen. An seiner Mutter hing er wirklich. Er wusste, ich würde sie nie im Stich lassen. Also war das geregelt.

Und das war es wirklich«, sagte sie. »Ich mochte Delia sehr. Sie war mir keine Last. Ich habe mich vielleicht wirklich besser dazu geeignet, für sie zu sorgen, als mit Cottar verheiratet zu sein. Und weißt du, etwas Merkwürdiges. Delia dachte dasselbe wie ich. Über Cottar. Sie hatte denselben Verdacht. Und sie hat nie mit mir darüber gesprochen. Ich habe ihr auch nie etwas gesagt. Jede dachte, es würde der anderen das Herz brechen. Dann eines Abends, gar nicht lange, bevor sie – gehen musste, habe ich ihr einen Krimi vorgelesen, der in Hongkong spielte, und sie sagte: ›Da ist Cottar jetzt vielleicht. In Hongkong.‹

Sie sagte, hoffentlich hätte sie mich nicht erschreckt. Dann habe ich ihr erzählt, was ich die ganze

Zeit gedacht hatte, und sie hat gelacht. Wir haben beide gelacht. Man sollte erwarten, dass es eine alte Mutter todtraurig macht, davon zu reden, dass ihr einziges Kind auf und davon ist und sie verlassen hat, aber nein. Vielleicht sind alte Leute gar nicht so. Sehr alte Leute. Sie werden nicht mehr todtraurig. Sie denken wohl, es lohnt sich nicht.

Er wusste, ich würde mich um sie kümmern, obwohl er nicht wissen konnte, wie lange das dann gedauert hat«, sagte sie. »Ich würde dir gern den Brief von dem Arzt zeigen, aber ich habe ihn weggeworfen. Das war sehr dumm von mir, aber ich war zu der Zeit verzweifelt. Ich wusste überhaupt nicht, wie ich den Rest meines Lebens bewältigen sollte. Ich habe nicht daran gedacht, dass ich dem nachgehen und mich nach seiner Approbation erkundigen oder einen Totenschein verlangen müsste oder irgendwas. An so was habe ich erst später gedacht, und da hatte ich die Adresse nicht mehr. Ich konnte nicht an die amerikanische Botschaft schreiben, denn das waren die Letzten, mit denen Cottar irgendwas zu tun haben wollte. Und er war kein kanadischer Staatsbürger. Vielleicht hatte er sogar einen anderen Namen. Eine falsche Identität, in die er schlüpfen konnte. Falsche Papiere. Er hat immer wieder so was angedeutet. Das war für mich ein Teil seiner Faszination.«

»Einiges davon könnte eine Art Selbstinszenierung gewesen sein«, sagte Kent. »Meinst du nicht?«

Sonje sagte: »Aber sicher.«

»Es gab keine Lebensversicherung?«

»Wo denkst du hin?«

»Wenn eine existiert hätte, dann hätte die Versicherung die Wahrheit herausgefunden.«

»Ja, aber es gab keine«, sagte Sonje. »Deshalb habe ich vor, das zu tun.«

Sie sagte, darüber hätte sie mit ihrer Schwiegermutter nie gesprochen. Dass sie, wenn sie erst allein auf der Welt stand, sich umtun würde. Bis sie Cottar fand, oder die Wahrheit.

»Du hältst das wahrscheinlich alles für ein Hirngespinst?«, sagte sie.

Nicht mehr ganz dicht, dachte Kent mit einem unangenehmen Ruck. Bei jedem Besuch auf dieser Reise hatte es für ihn einen Moment schwerer Enttäuschung gegeben. Den Moment, wenn ihm klar wurde, dass die Person, mit der er redete, die Person, die er eigens aufgesucht hatte, ihm nicht das geben würde, weswegen er gekommen war. Der alte Freund, den er in Arizona besucht hatte, war ganz von den Gefahren besessen, die das Leben bereithielt, trotz seiner kostspieligen Unterbringung in einer bewachten Wohnanlage. Die Frau seines alten Freundes, die über siebzig war, wollte ihm Fotos von sich und einer weiteren alten Frau zeigen, von einem bunten Abend, auf dem sie sich als Tanzgirls aus der Goldrauschzeit verkleidet hatten. Und seine inzwischen erwachsenen Kinder führten ihr eigenes Leben. Das war nur natürlich und für ihn keine Überraschung. Überraschend war, dass das Leben seiner Söhne und seiner Tochter recht eng geworden zu sein schien, einigermaßen vorhersehbar. Selbst die Veränderungen, die absehbar waren oder ihm angekündigt wurden – Noelle stand kurz davor, sich von ihrem zweiten Mann zu trennen –, waren nicht sonderlich interessant. Er hatte das Deborah gegenüber nie zugegeben, es kaum sich selbst eingestanden, aber so war es. Und jetzt Sonje. Sonje, die er nie besonders gemocht hatte, die ihm ein wenig unheimlich gewesen war, die er aber geachtet hatte, als etwas rätselhaft – Sonje hatte sich in eine geschwätzige alte Frau verwandelt, die genaugenommen nicht mehr ganz dicht war.

Und er hatte einen Grund für seinen Besuch bei ihr gehabt, dem sie bei all dem Gerede über Cottar nicht näherkamen.

»Um ehrlich zu sein«, sagte er. »Es hört sich nicht sehr vernünftig an, um ganz ehrlich zu sein.«

»Die Jagd nach einem Phantom«, sagte Sonje fröhlich.

»Es kann auch sein, dass er inzwischen ohnehin tot ist.«

»Stimmt.«

»Und er hätte überall hingehen und überall leben können. Vorausgesetzt, deine Theorie trifft zu.«

»Stimmt.«

»Also ist die einzige Hoffnung, nur wenn er damals wirklich gestorben ist und deine Theorie nicht zutrifft, besteht die Möglichkeit, dass du etwas herausbekommst, und das würde dich keinen Schritt weiterbringen, als du jetzt bist.«

»Oh, ich denke doch.«

»Du könntest dann ebenso gut hierbleiben und Briefe schreiben.«

Sonje sagte, sie sei anderer Meinung. Sie sagte, bei so einer Sache könne man nicht den Behördenweg nehmen.

»Du musst dich auf den Straßen bekanntmachen.«

Auf den Straßen von Jakarta – da wollte sie anfangen. In Städten wie Jakarta leben die Menschen nicht wie Maulwürfe. Sie leben auf den Straßen, und man weiß etwas über sie. Ladenbesitzer wissen etwas. Es gibt immer jemanden, der von jemand anders weiß und so weiter. Sie würde Fragen stellen, und es würde sich herumsprechen, dass sie da war. Ein Mann wie Cottar konnte sich nicht einfach unbemerkt davonstehlen. Sogar nach so langer Zeit würde es Erinnerungen geben. Informationen der einen oder anderen Art. Einige davon teuer, nicht alle wahr. Aber immerhin.

Kent dachte daran, sie zu fragen, wovon sie das bezahlen wollte. Konnte sie etwas von ihren Eltern geerbt haben? Er erinnerte sich dunkel, dass sie bei ihrer Heirat enterbt worden war. Vielleicht meinte sie, dieses Haus würde viel Geld bringen. Eher unwahrscheinlich, aber vielleicht hatte sie recht.

Doch selbst dann konnte es ihr innerhalb weniger Monate unter den Händen zerrinnen. Wie ein Lauffeuer würde sich herumsprechen, dass sie da war.

»Diese Städte haben sich stark verändert«, sagte er nur.

»Nicht, dass ich den Behördenweg vernachlässigen würde«, sagte sie. »Ich würde sie alle angehen. Die Botschaft, die Friedhofsverwaltungen, die Ärztekammer, falls es so was gibt. Ich habe sogar schon Briefe geschrieben. Aber man wird nur hingehalten. Man muss ihnen persönlich gegenübertreten. Man muss da sein. An Ort und Stelle. Immer wieder hingehen und ihnen lästigfallen und herausfinden, wo ihre Schwachstellen sind, und bereit sein, unter dem Tisch etwas zuzustecken, wenn nötig.

Zum Beispiel bin ich auf die mörderische Hitze gefasst. Es hört sich nicht so an, als hätte es eine günstige Lage – Jakarta. Rundherum Sümpfe und Flachland. Ich bin ja nicht blöd. Ich werde mich impfen lassen und alle Vorsichtsmaßregeln einhalten. Ich werde meine Vitamine nehmen, und da Jakarta von den Holländern gegründet worden ist, dürfte kein Mangel an Gin herrschen. Niederländisch-Indien. Es ist keine sehr alte Stadt, weißt du. Sie wurde, glaube ich, irgendwann um 1600 erbaut.

Kleinen Moment. Ich habe alle möglichen – ich zeige dir – ich habe –«

Sie stellte ihr Glas hin, das schon seit einiger Zeit leer war, stand rasch auf, blieb nach ein paar Schritten mit dem Fuß in dem zerrissenen Sisal hängen und taumelte, hielt sich aber am Türrahmen fest und fiel nicht hin. »Muss diese alten Läufer rausschmeißen«, sagte sie und eilte ins Haus.

Er hörte sie mit klemmenden Schubladen kämpfen, dann ein Geräusch wie von einem herunterfallenden Papierstapel, und währenddessen redete sie ununterbrochen mit ihm, in der etwas hektischen, beschwichtigenden Manier von Leuten, die auf keinen Fall jemandes Aufmerksamkeit verlieren wollen. Er konnte nicht verstehen, was sie sagte, oder gab sich keine Mühe. Er ergriff die Gelegenheit, um eine Tablette zu nehmen – etwas, was er seit einer halben Stunde hatte tun wollen. Es war eine kleine Tablette, die er ohne Wasser – sein Glas war auch leer – schlucken konnte, und er hätte sie wahrscheinlich in den Mund stecken können, ohne dass Sonje merkte, was er tat. Aber etwas wie Scheu oder Aberglaube hinderte ihn daran, es zu versuchen. Er hatte nichts dagegen, dass Deborah sich seines Zustands ständig bewusst war, und seine Kinder wussten natürlich Bescheid, aber es schien eine Art Tabu zu geben, ihn vor Gleichaltrigen offenzulegen.

Die Tablette kam gerade noch rechtzeitig. Eine

Flutwelle von Schwäche, unfreundlicher Hitze, drohendem Zerfall kam heraufgekrochen und brach in Schweißtropfen auf seinen Schläfen aus. Ein paar Minuten lang spürte er diese Anwesenheit vorankommen, aber durch kontrolliertes ruhiges Atmen und bequeme Umlagerung der Glieder behauptete er sich dagegen. In dieser Zeit kam Sonje mit einem Bündel Papiere wieder – Karten und bedruckte Bögen, die sie aus Bibliotheksbüchern herauskopiert haben musste. Einige glitten ihr aus den Händen, als sie sich hinsetzte, und verteilten sich über den Sisal.

»Also, was das alte Batavia genannt wird«, sagte sie. »Das ist sehr geometrisch angelegt. Sehr holländisch. Da gibt es einen Vorort namens Weltevreden. Das bedeutet ›wohlzufrieden‹. Wäre das nicht ein Witz, wenn ich ihn da fände? Das ist die alte portugiesische Kirche. Ende des siebzehnten Jahrhunderts erbaut. Es ist natürlich ein moslemisches Land. Sie haben dort die größte Moschee in Südostasien. Kapitän Cook ging dort vor Anker, um seine Schiffe reparieren zu lassen, er äußerte sich sehr lobend über die Werften. Aber er sagte, die Gräben draußen in den Sümpfen wären verpestet. Sie sind es wahrscheinlich immer noch. Cottar sah nie sehr kräftig aus, aber er achtete besser auf sich, als man denken würde. Er spazierte nicht einfach durch Malariasümpfe oder kaufte Getränke bei Straßenhändlern. Wenn er dort ist, wird er sich natürlich inzwischen völlig akklimatisiert haben. Ich weiß nicht, was ich erwarten soll. Ich kann ihn völlig den Eingeborenen angepasst sehen, ich kann ihn aber auch hübsch etabliert sehen, mit einer kleinen braunen Frau, die ihn bedient. Wie er am Swimmingpool Obst isst. Oder er könnte herumgehen und für die Armen betteln.«

Kent erinnerte sich an etwas. An die Nacht der Party auf dem Strand. Cottar, der nichts weiter anhatte als ein ungenügendes Handtuch, war auf ihn zugekommen und hatte ihn gefragt, was er als Pharmazeut über Tropenkrankheiten wusste.

Aber das war ihm nicht ungewöhnlich vorgekommen. Jeder, der dorthin fuhr, wo Cottar hinfuhr, hätte das auch fragen können.

»Du denkst an Indien«, sagte er zu Sonje.

Er war jetzt stabilisiert, die Tablette hatte seinen inneren Funktionen wieder einige Verlässlichkeit gegeben und das zum Stillstand gebracht, was sich wie das Auslaufen des Rückenmarks angefühlt hatte.

»Soll ich dir einen Grund sagen, warum ich weiß, dass er nicht tot ist?«, sagte Sonje. »Ich träume nicht von ihm. Ich träume aber von Toten. Ich träume andauernd von meiner Schwiegermutter.«

»Ich träume nie«, sagte Kent.

»Jeder träumt«, sagte Sonje. »Du erinnerst dich nur nicht daran.«

Er schüttelte den Kopf.

Kath war nicht tot. Sie lebte in Ontario. Im Haliburton-Distrikt, gar nicht weit von Toronto.

»Weiß deine Mutter, dass ich hier bin?«, hatte er Noelle gefragt. Und sie hatte geantwortet: »Ich glaube schon. Doch, sicher.«

Aber die Türklingel blieb stumm. Als Deborah ihn fragte, ob er einen Umweg machen wollte, hatte er gesagt: »Lass uns nicht zu weit fahren. Es steht nicht dafür.«

Kath lebte allein in einem Haus an einem kleinen See. Der Mann, mit dem sie lange Zeit zusammengelebt hatte und mit dem sie das Haus gebaut hatte, war tot. Aber sie hatte viele Freunde, sagte Noelle. Es ging ihr gut.

Sonje hatte zu Anfang des Gesprächs Kath erwähnt, und ihm hatte sich warm und bedrohlich vermittelt, dass die beiden Frauen immer noch miteinander in Verbindung standen. Er war sich der Gefahr bewusst, etwas zu hören, was er nicht wissen wollte, hegte aber zugleich die törichte Hoffnung, Sonje werde berichten, wie gut er aussah (etwas, wovon er überzeugt war, denn er hatte einigermaßen sein Gewicht gehalten und sich unten im Südwesten Sonnenbräune geholt), und wie zufriedenstellend er verheiratet war. Noelle hätte auch etwas Derartiges sagen können, aber irgendwie hatte Sonjes Zeugnis mehr Gewicht als das von Noelle. Er wartete darauf, dass Sonje wieder auf Kath zu sprechen kam.

Aber diesen Kurs schlug Sonje nicht ein. Stattdessen drehte sich alles nur um Cottar und Schwachsinn und Jakarta.

Die Störung war jetzt draußen – nicht in ihm, sondern draußen vor den Fenstern, wo der Wind, der die ganze Zeit über die Sträucher bewegt hatte, stärker geworden war und heftig an ihnen zerrte. Und diese Sträucher gehörten nicht zu den Sorten, die ihre langen, dünnen Zweige in solchem Wind einfach flattern ließen. Ihre Zweige waren dafür zu fest, ihre Blätter zu schwer, sodass jeder Strauch bis in die Wurzeln geschüttelt wurde. Sonnenlicht glitzerte auf dem öligen Laub. Denn die Sonne schien immer noch, Wolken waren nicht mit dem Wind gekommen, er brachte keinen Regen.

»Noch ein Glas?«, fragte Sonje. »Nicht so viel Gin?«

Nein. Nach der Tablette durfte er das nicht.

Alles war in Eile. Außer wenn alles quälend langsam war. Wenn sie fuhren, wartete er, wartete immer nur darauf, dass Deborah die nächste Stadt erreichte. Und was dann? Nichts. Aber hin und wieder kam ein Moment, da schien es, als habe einem alles etwas zu sagen. Die rüttelnden Sträucher, das gleißende Licht. Alles in einem Aufblitzen, in einem Ansturm, wenn man sich nicht konzentrieren konnte. Gerade wenn man Bilanz ziehen wollte, bot sich einem solch ein rasender, wirrer Anblick, wie aus einer Achterbahn. Also kam man auf eine falsche Idee, gewiss eine falsche Idee. Dass ein Toter am Leben und in Jakarta sein könnte.

Aber wenn man wusste, dass jemand am Leben war, wenn man bis vors Haus fahren konnte, ließ man die Gelegenheit vorübergehen.

Was stand nicht dafür? Zu sehen, dass sie ihm fremd geworden war, so fremd, dass er nicht glauben konnte, je mit ihr verheiratet gewesen zu sein, oder zu sehen, dass sie ihm niemals fremd werden konnte und ihm dennoch unerklärlich fernstand?

»Sie sind auf und davon«, sagte er. »Alle beide.«

Sonje ließ die Papiere auf ihrem Schoß zu Boden gleiten, wo sie sich zu den anderen gesellten.

»Cottar und Kath«, sagte er.

»Das passiert fast jeden Tag«, sagte sie. »Fast jeden Tag zu dieser Jahreszeit, dieser Wind am späten Nachmittag.«

Die Münzenflecke auf ihrem Gesicht warfen das Licht zurück, wie Signale in einem Spiegel.

»Deine Frau ist nun schon lange fort«, sagte sie. »Es ist absurd, aber junge Leute sind mir inzwischen unwichtig. Wie wenn sie von der Erde verschwinden könnten, ohne dass es etwas ausmachte.«

»Ganz im Gegenteil«, sagte Kent. »Von uns redest du. Du redest von uns.«

Durch die Tablette ziehen seine Gedanken sich in

die Länge, werden hauchfein und leuchten auf wie Kondensstreifen. Er folgt einem Gedanken, der damit zu tun hat, hierzubleiben und Sonje von Jakarta reden zu hören, während der Wind den Sand von den Dünen weht.

Ein Gedanke, der damit zu tun hat, nicht weiter zu müssen, nur noch nach Hause.

Cortes Island

Kleine Braut. Ich war zwanzig Jahre alt, ein Meter siebzig groß und wog zwischen einundsechzig und vierundsechzig Kilo, aber manche – so die Frau von Chess' Chef und die ältere Sekretärin in seinem Büro und Mrs. Gorrie über uns – nannten mich die kleine Braut. Oder auch unsere kleine Braut. Wir beide, Chess und ich, machten uns darüber lustig, aber wenn andere dabei waren, setzte er ein liebevolles, zärtliches Gesicht auf. Und ich ein verlegenes Lächeln – verschämt, fügsam.

Wir wohnten in einem Keller in Vancouver. Das Haus gehörte nicht den Gorries, wie ich anfangs gedacht hatte, sondern Mrs. Gorries Sohn Ray. Er kam öfter vorbei, um etwas zu reparieren. Er betrat das Haus durch die Kellertür, wie Chess und ich. Er war ein dünner, schmalschultriger Mann, etwa Mitte dreißig, hatte immer einen Werkzeugkasten dabei und trug eine Arbeitermütze. Er hatte einen krummen Rücken, was vielleicht daher rührte, dass er sich oft vorbeugen musste, wenn er Rohre reinigte und Leitungen verlegte oder tischlerte. Sein Gesicht war wächsern, und er hustete viel. Jeder Huster war eine unaufdringliche, eigenständige Verlautbarung, die seine Anwesenheit im Keller für notwendig erklärte. Er entschuldigte sich nicht dafür, dass er da war, aber er ging auch nicht umher, als gehörte ihm alles. Ich sprach nur mit ihm, wenn er an die Tür klopfte, um mir zu sagen, dass er für kurze Zeit das Wasser oder den Strom abstellte. Die Miete zahlten wir Mrs. Gorrie jeden Monat in bar. Ich weiß nicht, ob sie alles an ihn weitergab oder etwas davon behielt, um ihre Haushaltskasse aufzubessern. Denn sie und Mr. Gorrie lebten – so erzählte sie mir – nur von Mr. Gorries Rente. Sie hatte keine. Ich bin ja noch lange nicht alt genug, sagte sie.

Mrs. Gorrie rief immer die Treppe herunter, um zu fragen, wie es Ray ging und ob er eine Tasse Tee wollte. Er sagte immer, es ginge ihm gut und er hätte keine Zeit. Sie sagte, dass er zu hart arbeitete, genau wie sie selber. Sie versuchte ihm eine ihrer Süßspeisen aufzuschwatzen, Eingemachtes oder Kekse oder Lebkuchen – dieselben Sachen, die sie mir ständig aufdrängte. Er sagte, nein, er hätte gerade gegessen oder er hätte viel davon zu Hause. Ich lehnte auch standhaft ab, aber beim siebten oder achten Versuch gab ich nach. Es war mir peinlich, ihr immer einen Korb zu geben, angesichts ihrer Enttäuschung. Ich bewunderte, wie Ray es fertigbrachte, immer wieder nein zu sagen. Er sagte nicht einmal: »Nein, Mutter.« Einfach nein.

Dann versuchte sie ein Gesprächsthema zu finden. »Na, und was gibt es bei dir Neues und Aufregendes?«

Nicht viel. Weiß nicht. Ray war nie grob oder gereizt, aber er gab ihr nie auch nur den kleinen Finger. Seine Gesundheit – gut. Seine Erkältung – gut. Mrs. Cornish und Irene ging es auch immer gut.

Mrs. Cornish war eine Frau, in deren Haus er wohnte, irgendwo in East Vancouver. Er hatte immer etwas in Mrs. Cornishs Haus zu tun, genau wie in diesem – deshalb musste er nach getaner Arbeit gleich fort. Er half auch bei der Pflege ihrer Tochter Irene, die im Rollstuhl saß. Irene hatte einen Hirnschaden. »Das arme Ding«, sagte Mrs. Gorrie, nachdem Ray ihr berichtet hatte, dass es Irene gut ging. Sie machte ihm nie direkt Vorwürfe wegen der Zeit, die er mit dem behinderten Mädchen verbrachte, der Ausflüge zum Stanley Park oder der abendlichen Spaziergänge zum Eisessen. (Sie wusste davon, weil sie manchmal mit Mrs. Cornish telefonierte.) Aber zu mir sagte sie: »Also ich weiß nicht, ich muss immer denken, was das für ein Anblick ist, wenn ihr das Eis übers Gesicht läuft. Da machen doch alle Leute Stielaugen.«

Sie sagte, wenn sie Mr. Gorrie in seinem Rollstuhl

ausfuhr, schauten die Leute auch (Mr. Gorrie hatte einen Schlaganfall gehabt), aber das war etwas anderes, denn außerhalb des Hauses rührte er sich nicht und gab auch keine Geräusche von sich, und sie achtete immer darauf, dass er manierlich aussah. Wohingegen Irene sich lümmelte und laut lallte. Das arme Ding konnte ja nichts dafür.

Mrs. Cornish führte was im Schilde, sagte Mrs. Gorrie. Wer sollte sich denn um das verkrüppelte Mädchen kümmern, wenn sie mal nicht mehr war?

»Es müsste ein Gesetz geben, dass Gesunde so jemanden nicht heiraten dürfen, aber bisher gibt es keins.«

Wenn Mrs. Gorrie mich bat, zum Kaffee heraufzukommen, mochte ich nie gehen. Ich war im Keller mit meinem eigenen Leben beschäftigt. Manchmal, wenn sie bei mir anklopfte, gab ich vor, nicht zu Hause zu sein. Aber dafür musste ich alle Lampen ausknipsen und die Tür abschließen, sobald ich sie herunterkommen hörte, und dann musste ich mucksmäuschenstill sein, während sie mit den Fingernägeln an die Tür trommelte und meinen Namen trällerte. Außerdem musste ich mich anschließend mindestens eine Stunde lang sehr leise verhalten und durfte die Toilettenspülung nicht betätigen. Wenn ich sagte, dass ich keine Zeit hatte, dass ich zu tun hatte, lachte sie und fragte: »Was denn?«

»Briefe schreiben«, sagte ich.

»Immerzu Briefe schreiben«, sagte sie. »Sie haben wohl Heimweh?«

Ihre Augenbrauen waren rosa – eine Abwandlung vom Rosarot ihrer Haare. Ich hielt die Haarfarbe für unnatürlich, aber wie konnte sie sich die Augenbrauen gefärbt haben? Ihr Gesicht war schmal, stark geschminkt und lebhaft, ihre Zähne groß und glänzend. Ihr Hunger nach Freundlichkeit, nach Gesellschaft nahm keine Rücksicht auf Widerstand. Am allererersten Morgen, an dem Chess mich in die Wohnung brachte, nachdem er mich vom Zug abgeholt hatte, klopfte sie mit einem Teller Kekse und diesem heißhungrigen Lächeln an unsere Tür. Ich hatte von der Reise immer noch den Hut auf, und Chess wurde dabei unterbrochen, an meinem Hüfthalter zu ziehen. Die Kekse waren hart und trocken und zur Feier meines Brautstands mit hellrosa Zuckerguss überzogen. Chess sprach barsch mit ihr. Er musste innerhalb von dreißig Minuten wieder ins Büro, und nachdem er sie hinauskomplimentiert hatte, blieb keine Zeit mehr, um das Begonnene fortzusetzen. Stattdessen aß er einen Keks nach dem anderen und beschwerte sich, dass sie wie Sägemehl schmeckten.

»Ihr Mann ist so ernst«, sagte sie oft zu mir. »Ich muss immer lachen, er schaut mich so furchtbar ernst an, wenn ich ihn kommen und gehen sehe. Ich möchte ihm immer sagen, er soll's nicht so schwernehmen, er trägt nicht die Welt auf den Schultern.«

Manchmal musste ich ihr nach oben folgen, mich von meinem Buch losreißen oder von dem Absatz, den ich schrieb. Wir saßen an ihrem Esszimmertisch. Eine Spitzendecke lag darauf, und ein achteckiger Spiegel verdoppelte einen Keramikschwan. Wir tranken Kaffee aus dünnen Porzellantassen und aßen von dazu passenden Tellerchen (mehr dieser Kekse oder klebrige Rosinentörtchen oder fettige Teekuchen) und führten winzige, bestickte Servietten an den Mund, um die Krümel abzuwischen. Ich saß der Vitrine gegenüber, in der alle guten Gläser aufgereiht standen, die Paare der Zuckerdosen und Sahnekännchen, der Salz- und Pfefferstreuer, die zu zierlich oder kostbar für den täglichen Gebrauch waren, ferner Hyanzinthengläser, eine Teekanne in Gestalt einer strohgedeckten Bauernkate und lilienförmige Kerzenständer. Einmal im Monat nahm Mrs. Gorrie sich die Vitrine vor und wusch alles ab. Erzählte sie mir. Sie erzählte mir Dinge, die mit meiner Zukunft zu tun hatten, mit dem Haus und dem Leben, das ich in ihrer Vorstellung einmal haben würde, und je mehr sie redete, desto schwerer spürte ich ein eisernes Gewicht auf den Gliedern, desto dringender wollte ich mitten am Vormittag gähnen und gähnen, davonkriechen und mich verstecken und schlafen. Doch laut bewunderte ich alles. Den Inhalt der Vitrine, Mrs. Gorries Haushaltsführung, die sorgsam kombinierten Sachen, die sie jeden Morgen anzog.

Die Röcke und Pullover in Rosa- oder Rottönen, die darauf abgestimmten Schals aus Kunstseide.

»Ziehen Sie sich immer als Erstes an, als müssten Sie zur Arbeit, frisieren Sie sich und legen Sie Make-up auf« – sie hatte mich mehr als einmal im Morgenmantel erwischt –, »und dann können Sie sich immer eine Schürze umbinden, wenn Sie die Wäsche machen müssen oder etwas backen. Das ist gut für Ihre Moral.«

Und haben Sie immer Gebäck parat für den Fall, dass jemand vorbeikommt. (Soweit ich wusste, erhielt sie außer von mir nie Besuch, und man konnte schwerlich sagen, ich sei vorbeigekommen.) Und servieren Sie den Kaffee nie in Bechern.«

Das wurde nicht so unverblümt gesagt. Es hieß »Ich nehme immer –« oder »Ich habe immer gern –« oder »Ich finde es netter, wenn –«

»Auch als ich fernab von jeder Zivilisation lebte, habe ich immer gern –« Mein Gähnzwang ließ für einen Augenblick nach. Wo hatte sie fernab von jeder Zivilisation gelebt? Und wann?

»Ach, weiter oben an der Küste«, sagte sie. »Ich war früher auch mal eine Braut. Ich habe jahrelang da oben gelebt. Union Bay. Aber so unzivilisiert war es da gar nicht. Cortes Island.«

Ich fragte, wo das war, und sie sagte: »Ach, weiter da oben.«

»Das muss interessant gewesen sein«, sagte ich.

»Ach, interessant«, sagte sie. »Wenn Sie Bären interessant finden. Wenn Sie Pumas interessant finden. Mir persönlich ist ein bisschen Zivilisation lieber.«

Eine zweiflügelige, eichene Schiebetür trennte das Esszimmer vom Wohnzimmer. Sie stand immer ein Stück auf, sodass Mrs. Gorrie von ihrem Ende des Tisches Mr. Gorrie im Auge behalten konnte, der in seinem Ruhesessel am Wohnzimmerfenster saß. Sie sprach von ihm als ihrem Mann im Rollstuhl, dabei saß er nur im Rollstuhl, wenn sie mit ihm an die frische Luft ging. Sie hatte keinen Fernsehapparat – das Fernsehen war zu der Zeit fast noch eine Neuheit. Mr. Gorrie beobachtete die Straße und den Kitsilano-Park auf der anderen Straßenseite und den Burrard Inlet dahinter. Er schaffte es allein ins Badezimmer, in der einen Hand einen Krückstock, mit der anderen hielt er sich an Stuhllehnen fest oder tappte an den Wänden entlang. Sobald er es erreicht hatte, kam er zurecht, obwohl er lange brauchte. Und Mrs. Gorrie sagte, dass es manchmal etwas aufzuwischen gab.

Alles, was ich für gewöhnlich von Mr. Gorrie zu sehen bekam, war ein auf dem hellgrünen Ruhesessel ausgestrecktes Hosenbein. Ein- oder zweimal musste er sich ins Badezimmer schleppen, während ich da war. Ein großer Mann – großer Kopf, breite Schultern, schwere Knochen.

Ich sah ihm nicht ins Gesicht. Menschen, die ein

Schlaganfall oder eine Krankheit zu Krüppeln gemacht hatte, waren für mich ein böses Omen, eine
rüde Mahnung. Es war nicht der Anblick versagen-
der Gliedmaßen oder anderer körperlicher Spuren
ihres schrecklichen Schicksals, den ich meiden
musste – es waren ihre Augen.

Er sah mich, glaube ich, auch nicht an, obwohl
Mrs. Gorrie ihm zurief, dass ich von unten zu Besuch
war. Er machte ein brummelndes Geräusch, vielleicht das Äußerste, was er zustande brachte, ob nun
zur Begrüßung oder zur Verabschiedung.

Unsere Wohnung hatte zweieinhalb Zimmer. Wir
hatten sie möbliert gemietet, was praktisch hieß, sie
war halb möbliert, mit Zeug, das sonst auf dem Müll
gelandet wäre. Ich erinnere mich an den Fußboden
im Wohnzimmer, der mit übriggebliebenen Lino-
leumquadraten und -rechtecken ausgelegt war – verschiedene Farben und Muster durcheinandergewür-
felt und mit Metallklammern zusammengeheftet wie
ein verrückter Quilt. Und an den Gasherd in der Küche, der mit Vierteldollar-Münzen gefüttert werden
musste. Unser Bett stand in einem Alkoven, der von
der Küche abging – es passte so knapp in den Alkoven, dass man am Fußende hineinklettern musste.
Chess hatte gelesen, dass Haremsdamen auf diese
Weise ins Bett des Sultans kommen mussten, zuerst
hatten sie seine Füße anzubeten, und dann durften

sie hochkrabbeln und seinen übrigen Körperteilen die Ehre erweisen. Also spielten wir manchmal dieses Spiel.

Ein Vorhang, der immer geschlossen blieb, hing vor dem Fußende des Bettes, um den Alkoven von der Küche abzutrennen. Er bestand eigentlich aus einer alten Tagesdecke, einem glatten, mit Fransen besetzten Tuch, das auf der einen Seite ein gelbliches Hellbraun zeigte, mit einem Muster aus weinroten Rosen und grünem Laub, und auf der anderen, dem Bett zugewandten, rote und grüne Streifen mit geisterhaften Blüten und Blättern in der hellbraunen Farbe. Dieser Vorhang ist mir lebhafter in Erinnerung geblieben als alles andere in der Wohnung. Und kein Wunder. Im vollen Taumel unseres Liebeslebens und im Nachhall seines Höhepunkts hatte ich den Stoff vor Augen, und so verband er sich in meinen Gedanken mit dem, was mir am Verheiratetsein gefiel – der Belohnung, für die ich die unvorhergesehene Beleidigung erduldete, die kleine Braut zu sein, und auch die eigentümliche Drohung, die von einer Esszimmervitrine ausging.

Chess und ich kamen beide aus Familien, in denen Sex vor der Ehe als verwerflich und unverzeihlich galt und Sex in der Ehe nie erwähnt wurde und offenbar bald in Vergessenheit geriet. Wir standen unmittelbar am Ende der Zeit, die diese Dinge so sah, auch wenn wir das nicht wussten. Als Chess' Mutter Kondome in seinem Koffer fand, ging sie weinend zu seinem Vater. (Chess sagte, dass sie in dem Lager verteilt worden waren, in dem er seine von der Universität vorgeschriebene Militärausbildung absolviert hatte, was stimmte, und dass er sie vollständig vergessen hatte, was gelogen war.) Wir fanden es deshalb ganz wunderbar, eine eigene Wohnung zu haben und ein eigenes Bett, in dem wir es treiben konnten, wie wir wollten. Unser Beweggrund für diesen Schritt, wobei uns nie in den Sinn kam, dass Ältere – unsere Mütter und Väter, unsere Tanten und Onkel – denselben Beweggrund gehabt haben könnten, war Lust. Was die Älteren in unseren Augen beherrscht hatte, war der Trieb zu Häusern, Grundbesitz, Motorrasenmähern, Tiefkühltruhen und gemauerten Terrassen. Und natürlich, was die Frauen anbelangte, zu Babys. Alles Dinge, so dachten wir, für oder gegen die wir uns in Zukunft entscheiden konnten. Uns kam nie der Gedanke, dass sie uns unausweichlich widerfahren würden, wie das Alter oder das Wetter.

Und wenn ich es recht bedenke, dann war es auch nicht so. Nichts widerfuhr uns ohne unsere Entscheidung. Nicht einmal meine Schwangerschaft. Wir riskierten sie, einfach um auszuprobieren, ob wir wirklich erwachsen waren, ob sie wirklich eintreten würde.

Meine andere Beschäftigung hinter dem Vorhang war Lesen. Ich las Bücher, die ich mir aus der Stadtbücherei von Kitsilano ein paar Querstraßen weiter holte. Und wenn ich aufschaute aus dem aufgewühlten Zustand des Staunens, den ein Buch mir bringen konnte, dem Schwindelgefühl heruntergeschlungener Reichtümer, dann waren es die Streifen, die ich sah. Und nicht nur die Personen, die Geschichte, ja selbst die Atmosphäre des Buches verband sich mit den unnatürlichen Blumen und floss dahin in dem dunkelroten Strom oder dem düsteren Grün. Ich las die schwereren Bücher, deren Titel mir bereits vertraut waren und wie Zauberformeln klangen – ich versuchte sogar, *Die Verlobte* von Sir Walter Scott zu lesen –, und zwischen diesen Lehrgängen las ich die Romane von Aldous Huxley und Henry Green, und *Zum Leuchtturm* und *Chéris Ende* und *Der Tod des Herzens.* Ich fraß eins nach dem anderen in mich hinein, ohne Vorlieben zu entwickeln, überließ mich jedem von neuem, wie bei den Büchern, die ich in meiner Kindheit gelesen hatte. Ich war immer noch in jenem Stadium gierigen Hungers, einer Gefräßigkeit, die an Qual grenzte.

Aber seit meiner Kindheit kam noch etwas hinzu – mein Drang, nicht nur Leserin zu sein, sondern auch Schriftstellerin zu werden. Ich kaufte ein Schulheft und versuchte zu schreiben – und schrieb auch, Seiten, die souverän begannen und dann verödeten, sodass ich sie herausreißen und schwer bestrafen musste, indem ich sie zusammenknüllte und in den

Mülleimer warf. Ich tat das wieder und wieder, bis nur noch der Heftdeckel übrig war. Dann kaufte ich ein neues Schulheft und fing von vorn an. Derselbe Kreislauf – Erregung und Verzweiflung, Erregung und Verzweiflung. Es war, als hätte ich jede Woche insgeheim eine Schwangerschaft und eine Fehlgeburt.

Allerdings nicht ganz geheim. Chess wusste, dass ich viel las und dass ich zu schreiben versuchte. Er redete es mir keineswegs aus. Er hielt es für etwas Vernünftiges, das ich durchaus lernen konnte. Es brauchte viel Übung, konnte aber gemeistert werden, wie Bridge oder Tennis. Dieses großmütige Vertrauen dankte ich ihm nicht. Es vergrößerte nur die Groteske meiner Misserfolge.

Chess arbeitete bei einem Lebensmittelgroßhandel. Er hatte eigentlich Geschichtslehrer werden wollen, aber sein Vater hatte ihn überzeugt, dass die Schule nicht das Richtige war, um eine Frau zu ernähren und es zu etwas zu bringen. Sein Vater hatte ihm geholfen, diesen Posten zu bekommen, ihm aber gleich gesagt, dass er, sobald er eingestellt war, keine Bevorzugung erwarten durfte. Das tat er auch nicht. Er ging aus dem Haus, bevor es hell wurde, in diesem ersten Winter unserer Ehe, und kam nach Einbruch der Dunkelheit heim. Er arbeitete hart und fragte nicht danach, ob die Arbeit, die er tat, mit Dingen zusammenhing, die ihn wirklich interessierten, oder ein Ziel hatte, das ihm einmal lohnend erschienen war. Kein Ziel, außer uns beide jenem Leben der Rasenmäher und Tiefkühltruhen näher zu bringen, mit dem wir unserer Überzeugung nach nichts im Sinn hatten. Vielleicht wunderte ich mich über seine Unterwerfung, falls ich darüber nachdachte. Seine fröhliche, man könnte fast sagen, ritterliche Unterwerfung.

Aber schließlich, dachte ich, ist es das, was Männer tun.

Ich ging aus dem Haus und tat mich auch nach Arbeit um. Wenn es nicht zu heftig regnete, ging ich zum Drugstore, kaufte eine Zeitung, las die Stellenanzeigen und trank dabei einen Kaffee. Dann machte ich mich, sogar bei Nieselregen, zu Fuß auf den Weg dahin, wo eine Kellnerin oder eine Verkäuferin oder eine Fabrikarbeiterin gesucht wurde – ganz egal, Hauptsache, man musste nicht Schreibmaschine schreiben können oder Erfahrung mitbringen. Wenn es inzwischen in Strömen goss, nahm ich den Bus. Chess sagte, dass ich immer mit dem Bus fahren und nicht laufen sollte, um Geld zu sparen. Während ich Geld sparte, sagte er, bekam ein anderes Mädchen den Job.

Genau darauf aber schien ich es anzulegen. Ich war nie besonders traurig, wenn es sich so ergab.

Manchmal gelangte ich an mein Ziel und blieb auf dem Bürgersteig stehen, betrachtete das Geschäft für Damenmoden mit seinen Spiegeln und seinen hellen Teppichböden oder sah zu, wie junge Frauen in ihrer Mittagspause aus der Firma gestöckelt kamen, die jemanden für die Registratur suchte. Ich ging nicht einmal hinein, denn ich wusste, meine Haare und meine Fingernägel und meine flachen, abgetretenen Schuhe sprachen gegen mich. Und die Fabriken schüchterten mich ebenso ein – ich hörte den Lärm der Maschinen in den Gebäuden, in denen Erfrischungsgetränke abgefüllt oder Weihnachtssterne zusammengenietet wurden, und ich sah die nackten Glühbirnen von den Bretterdecken hängen. Meine Fingernägel und meine flachen Absätze mochten dort keine Rolle spielen, aber meine Ungeschicktheit und handwerkliche Blödheit würden mir Beschimpfungen und Flüche eintragen (über den Lärm der Maschinen hinweg hörte ich auch gebrüllte Zurechtweisungen). Ich würde mich blamieren und rausgeschmissen werden. Ich hielt mich nicht einmal für fähig, zu lernen, wie man eine Registrierkasse bediente. Das sagte ich auch dem Geschäftsführer eines Restaurants, der tatsächlich in Erwägung zu ziehen schien, mich einzustellen. »Meinen Sie, Sie können sich das aneignen?«, fragte er, und ich sagte nein. Er sah mich an, als hätte er noch nie im Leben ein solches Eingeständnis gehört. Aber ich sprach die

Wahrheit. Ich meinte nicht, mir irgendetwas aneignen zu können, nicht auf die Schnelle und nicht unter vielen Augen. Ich würde nur versteinern. Das Einzige, was ich mir ohne Mühe aneignen konnte, waren solche Dinge wie die Verwicklungen des Dreißigjährigen Krieges.

Die Wahrheit ist natürlich, dass ich es nicht nötig hatte. Chess sorgte für mich, in unserem sehr bescheidenen Rahmen. Ich brauchte mich nicht in die Welt hinauszustürzen, weil er es getan hatte. Männer mussten das tun.

Ich dachte, dass ich vielleicht die Arbeit in der Stadtbücherei schaffen konnte, also fragte ich dort, obwohl sie nicht annonciert hatten. Eine Frau setzte meinen Namen auf eine Liste. Sie war höflich, machte mir aber keine Hoffnung. Dann ging ich in Buchhandlungen, wobei ich mir die aussuchte, die so aussahen, als hätten sie keine Registrierkasse. Je leerer und unordentlicher, desto besser. Die Besitzer rauchten oder dösten hinterm Ladentisch, und in den Antiquariaten roch es oft nach Katze.

»Im Winter ist bei uns nicht genug los«, sagten sie.

Eine Frau sagte, ich könnte ja im Frühling wiederkommen.

»Obwohl dann meistens auch nicht viel los ist.«

Der Winter in Vancouver war anders als alle Winter, die ich je erlebt hatte. Kein Schnee, nicht einmal ein richtig kalter Wind. Mitten am Tag roch es im Hafenviertel nach verbranntem Zucker – ich glaube, das hatte etwas mit den Oberleitungen der Busse zu tun. Ich ging die Hastings Street entlang, auf der keine andere Frau anzutreffen war – nur Betrunkene, Stadtstreicher, arme alte Männer und schlurfende Chinesen. Niemand pöbelte mich an. Ich ging an Lagerhäusern vorbei, an unkrautüberwuchertem Industriegelände, wo nicht einmal Männer zu sehen waren. Oder durch Kitsilano mit seinen hohen Holzhäusern, vollgestopft mit Menschen, die so beengt wohnten wie wir, bis zu dem gepflegten Dunbar-Distrikt mit seinen verputzten Bungalows und gestutzten Bäumen. Und durch Kerrisdale, wo die feineren Bäume auftauchten, Birken auf Rasenflächen, Fachwerk, georgianische Symmetrie, Schneewittchenträume mit nachgeahmten Strohdächern. Oder vielleicht echten Strohdächern, woher sollte ich das wissen?

In all den Häusern, in denen Menschen wohnten, ging gegen vier Uhr nachmittags das Licht an, die Straßenlaternen gingen an, das Licht in den Oberleitungsbussen, und oft rissen auch die Wolken im Westen über dem Meer auf und gaben den Blick frei auf die roten Lichtstreifen der untergehenden Sonne – und im Park, durch den ich auf dem Heimweg eine Runde machte, glänzte in der feuchten Luft das Laub der winterharten Sträucher vom rosig angehauchten

Zwielicht. Menschen, die eingekauft hatten, gingen nach Hause, Menschen, die noch bei der Arbeit waren, dachten ans Nachhausegehen, Menschen, die den ganzen Tag im Haus verbracht hatten, kamen heraus für einen kleinen Spaziergang, der ihr Heim wieder anziehender machte. Ich begegnete Frauen mit Kinderwagen und quengelnden Kleinkindern und dachte nie, dass ich bald in derselben Situation sein würde. Ich begegnete alten Leuten mit ihren Hunden und anderen alten Leuten, die langsam gingen oder in Rollstühlen von ihren Lebenspartnern oder Betreuern geschoben wurden. Ich begegnete Mrs. Gorrie, die Mr. Gorrie schob. Sie trug ein Cape und eine Baskenmütze aus weicher, violetter Wolle (ich wusste inzwischen, dass sie fast alle ihre Kleidungsstücke selbst anfertigte) und viel rosige Schminke. Mr. Gorrie hatte eine tief ins Gesicht gezogene Mütze auf und einen dicken Schal um den Hals. Ihre Begrüßung war schrill und besitzergreifend, seine nicht vorhanden. Er sah nicht aus, als ob ihm die Spazierfahrt Spaß machte. Aber Menschen in Rollstühlen sahen kaum je anders als resigniert aus. Manche sahen beleidigt oder regelrecht böse aus.

»Ach, als wir Sie neulich im Park gesehen haben«, sagte Mrs. Gorrie, »kamen Sie da etwa von der Arbeitssuche nach Hause?«

»Nein«, log ich. Mein Instinkt riet mir, sie in allem anzulügen.

»Dann ist ja gut. Denn ich wollte Ihnen gerade sagen, wenn Sie auf Arbeitssuche gehen, sollten Sie sich ein bisschen zurechtmachen. Aber das wissen Sie ja selbst.«

Ja, sagte ich.

»Ich verstehe einfach nicht, wie sich manche Frauen heutzutage auf die Straße wagen. Ich würde nie in flachen Schuhen und ohne Make-up aus dem Haus gehen, und wenn's nur zum Kaufmann um die Ecke wäre. Und schon gar nicht, wenn ich jemanden darum bitten wollte, mich einzustellen.«

Sie wusste, dass ich log. Sie wusste, dass ich auf der anderen Seite der Kellertür erstarrte und auf ihr Klopfen nicht öffnete. Es hätte mich nicht gewundert, wenn sie unseren Müll durchwühlt und die vollgekritzelten, zerknüllten Bögen mit meinen wortreichen Misserfolgen gefunden und gelesen hätte. Warum gab sie nicht auf und ließ mich in Ruhe? Sie konnte es nicht. Ich war eine ihr gestellte Aufgabe – vielleicht fielen meine Eigentümlichkeiten, meine Unbeholfenheit unter dieselbe Kategorie wie Mr. Gorries Behinderungen, und was sich nicht beheben ließ, musste ertragen werden.

Sie kam eines Tages die Treppe herunter, als ich im Hauptkeller war und unsere Wäsche wusch. Ich durfte jeden Dienstag ihre Bottichwaschmaschine, ihre Mangel und ihre Waschwannen benutzen.

»Na, schon irgendeine Arbeit in Aussicht?«, fragte

sie, und ohne zu überlegen antwortete ich, dass mir in der Stadtbücherei gesagt worden wäre, man hätte vielleicht demnächst etwas für mich. Ich dachte, ich könnte ja so tun, als ginge ich dorthin zur Arbeit – dann konnte ich mich jeden Tag an einen der langen Tische setzen und lesen oder mich sogar meinen Schreibversuchen widmen, wie ich es hin und wieder schon getan hatte. Falls Mrs. Gorrie je in die Stadtbücherei kam, war natürlich die Katze aus dem Sack, aber eigentlich konnte sie Mr. Gorrie nicht so weit bergauf schieben. Oder falls sie meine Arbeit je Chess gegenüber erwähnte – was ich auch nicht glaubte. Sie sagte, sie hätte manchmal Angst, ihn zu grüßen, so grimmig schaute er drein.

»Aber bis dahin vielleicht …« sagte sie. »Mir ist gerade der Gedanke gekommen, vielleicht möchten Sie bis dahin ein bisschen was zu tun haben und nachmittags bei Mr. Gorrie sitzen.«

Sie sagte, ihr wäre angeboten worden, in dem Laden für Mitbringsel im St. Paul's Hospital an drei oder vier Nachmittagen in der Woche auszuhelfen. »Es wird nicht bezahlt, sonst hätte ich Sie hingeschickt, damit Sie sich vorstellen«, sagte sie. »Es ist nur ehrenamtlich. Aber der Arzt sagt, es würde mir gut tun, mal aus dem Haus zu kommen. ›Sie machen sich sonst kaputt‹, hat er gesagt. Nicht, dass ich das Geld brauche, Ray ist wirklich gut zu uns, nur ein bisschen ehrenamtliche Arbeit, und da dachte ich –«

Ihr Blick fiel in die Spülwanne, und sie sah Chess' Hemden im selben Wasser mit meinem geblümten Nachthemd und unserer hellblauen Bettwäsche.

»O je«, sagte sie. »Sie haben doch nicht Weißes und Buntes zusammengegeben?«

»Nur das Helle«, sagte ich. »Das färbt nicht ab.«

»Helles ist auch Buntes«, sagte sie. »Sie meinen vielleicht, Sie kriegen die Hemden so auch weiß, aber lange nicht so weiß, wie sie sein könnten.«

Ich versprach, es beim nächsten Mal zu beherzigen.

»So sorgen Sie also für Ihren Mann«, sagte sie mit einem entrüsteten Auflachen.

»Chess macht das nichts aus«, sagte ich und ahnte dabei nicht, dass dies im Laufe der kommenden Jahre immer weniger wahr werden sollte und dass alle diese Nebenbeschäftigungen, die beiläufig und fast ein Spiel am Rande meines wahren Lebens zu sein schienen, in den Vordergrund rücken sollten, in den Mittelpunkt.

Ich nahm ihr Angebot an und saß nachmittags bei Mr. Gorrie. Auf einem Tischchen neben dem grünen Ruhesessel lag zum Schutz der Tischplatte ein Küchenhandtuch, und darauf standen Flaschen mit seinen Tabletten und Tropfen und ein kleiner Wecker, damit er die Uhrzeit sah. Der Tisch auf der anderen Seite des Sessels war vollgepackt mit Lektüre. Die

Morgenzeitung, die Abendzeitung vom Vortag, Illustrierte wie *Life*, *Look* und *Maclean's*, die damals alle groß und lappig waren. Auf der Ablage unter diesem Tisch lag ein Stapel Sammelalben – die Sorte, wie Kinder sie in der Schule benutzten, mit dickem bräunlichen Papier und unbeschnittenen Rändern. Zeitungsartikel und Fotos lugten daraus hervor. Es waren Sammelalben, die Mr. Gorrie lange Jahre geführt hatte, bis er den Schlaganfall bekam und nichts mehr ausschneiden konnte. Es gab in dem Zimmer auch ein Bücherregal, aber das enthielt nichts als weitere Illustrierte und weitere Sammelalben und ein halbes Bord mit Schulbüchern, wahrscheinlich die von Ray.

»Ich lese ihm immer die Zeitung vor«, sagte Mrs. Gorrie. »Er versteht immer noch alles, aber er kann sie nicht mit beiden Händen hoch halten, und seine Augen werden müde.«

Also las ich Mr. Gorrie vor, während Mrs. Gorrie unter ihrem geblümten Regenschirm zur Bushaltestelle trippelte. Ich las ihm die Sportseite vor und die Lokalnachrichten und die Nachrichten aus aller Welt und alles über Morde und Raubüberfälle und schlechtes Wetter. Ich las die Leserbriefe vor und die Briefe an einen Arzt, der Ratschläge erteilte, und die Briefe an Arm Landers und deren Antworten. Es schien, dass die Sportnachrichten und Ann Landers ihn am meisten interessierten. Manchmal sprach ich den Namen eines Spielers falsch aus oder brachte die Fachausdrücke durcheinander, sodass ich Unsinn vorlas, dann wies er mich mit unzufriedenen Brummlauten an, es noch einmal zu versuchen. Wenn ich die Sportseite vorlas, war er immer nervös und mit gerunzelter Stirn bei der Sache. Doch wenn ich Ann Landers vorlas, entspannte sich sein Gesicht und er machte Geräusche, die ich als Behagen auslegte – eine Art Gurgeln und tiefes Schnarren. Diese Geräusche machte er besonders dann, wenn die Briefe ein spezifisch weibliches oder läppisches Problem zum Thema hatten (eine Frau schrieb, dass ihre Schwägerin immer vorgab, den Kuchen selbst gebacken zu haben, obwohl das Papierdeckchen von der Bäckerei noch darunter lag, wenn sie ihn auftrug) oder wenn es – in der vorsichtigen Manier jener Zeit – um Sex ging.

Während der Leitartikel oder während eines langen Sermons darüber, was bei den Vereinten Nationen die Russen gesagt hatten und was die Amerikaner gesagt hatten, wurden ihm die Augenlider schwer – oder genauer, das Lid seines besseren Auges schloss sich fast ganz, und das über dem schlimmen, getrübten Auge senkte sich ein wenig –, und die Bewegungen seines Brustkorbs wurden deutlicher, sodass ich vielleicht für einen Augenblick innehielt, um zu sehen, ob er eingeschlafen war. Und dann machte er ein anderes Geräusch – ein barsches, ta-

delndes. Als ich mich im Laufe der Zeit an ihn gewöhnte und er sich an mich gewöhnte, wirkte dieses
Geräusch auf mich allmählich weniger wie ein Tadel
und mehr wie eine beruhigende Versicherung. Und
sie bezog sich nicht nur darauf, dass er nicht schlief,
sondern auch darauf, dass er in diesem Augenblick
nicht starb.

Der Gedanke, er könne vor meinen Augen sterben,
war anfangs schrecklich für mich. Und warum sollte
er nicht sterben, wenn er bereits halbtot zu sein
schien? Mit seinem schlimmen Auge, das aussah wie
ein Stein unter dunklem Wasser, und dem Mund, der
auf einer Seite aufstand und seine eigenen, schlechten Zähne zeigte (die meisten alten Leute hatten damals falsche Zähne) mit den schwärzlichen Füllun-
gen, die sich unter dem feuchten Zahnschmelz dunkel abhoben. Dass er am Leben und auf der Welt war,
kam mir wie ein Irrtum vor, der jeden Augenblick
bereinigt werden konnte. Aber dann, wie ich schon
sagte, gewöhnte ich mich an ihn. Er war ein statt-
licher Mann, mit dem mächtigen Haupt, dem breiten, mühsam atmenden Brustkorb und der kraftlo-
sen rechten Hand, die auf seinem langen Oberschen-
kel lag und beim Vorlesen immer wieder in mein
Blickfeld geriet. Wie ein Relikt war er, ein alter Recke
aus barbarischer Zeit. Erik Blutaxt. König Knut.

Meine Kräfte schwinden rasch, sprach der greise
  Meeresherrscher,
Ferne Länder zu erobern ist mir nimmermehr
  vergönnt.

So war er. Sein halbzerstörter, ungeschlachter Körper, der die Möbel in Gefahr brachte und die Wände rammte, wenn er sich schwerfällig auf den Weg zum Badezimmer machte. Sein Geruch, nicht widerlich, aber auch nicht herabgemildert zu kindlicher Seife- und-Babypuder-Reinlichkeit – ein Geruch nach fester Kleidung mit ihren Tabakrückständen (obwohl er nicht mehr rauchte) und nach der eingeschlossenen Haut, die ich mir dick und ledrig vorstellte, mit ihren machtvollen Ausscheidungen und ihrer animalischen Wärme. Auch ein leichter, aber anhaltender Geruch nach Urin, der mich bei einer Frau angeekelt hätte, in seinem Fall aber nicht nur verzeihlich zu sein schien, sondern gleichsam ein Ausdruck alter Herrscher- würde war. Wenn ich ins Badezimmer ging, nachdem er dort gewesen war, erinnerte es an die Höhle eines räudigen, aber immer noch gewaltigen Raubtiers.

Chess sagte, ich verschwendete meine Zeit damit, auf Mr. Gorrie aufzupassen. Das Wetter war nicht mehr so trüb, und die Tage wurden länger. Die Ge- schäfte dekorierten ihre Schaufenster neu und er- wachten aus ihrer Winterstarre. Alle dachten jetzt eher an Neueinstellungen. Also müsste ich unterwegs sein und mich ernsthaft nach Arbeit umsehen. Mrs. Gorrie zahlte mir nur vierzig Cent die Stunde.

»Aber ich habe es ihr versprochen«, sagte ich.

Eines Tages erzählte er, er habe sie aus einem Bus aussteigen sehen, und zwar von seinem Büro aus. Und das lag ganz woanders als das St. Paul's Hospital.

Ich sagte: »Vielleicht hatte sie gerade Pause.«

Chess sagte: »Ich hab sie noch nie draußen bei vollem Tageslicht gesehen. Schreck, lass nach.«

Ich schlug Mr. Gorrie vor, ihn im Rollstuhl spazieren zu fahren, da doch nun besseres Wetter war. Aber er lehnte das mit Geräuschen ab, aus denen ich schloss, dass es ihm unangenehm war, in aller Öffentlichkeit durch die Gegend geschoben zu werden – oder vielleicht, von mir herumkutschiert zu werden, die ich offensichtlich dafür angestellt worden war.

Ich hatte meine Zeitungslesung unterbrochen, um ihn das zu fragen, und als ich fortfahren wollte, machte er eine Geste und ein anderes Geräusch, mit dem er mir mitteilte, dass er nicht mehr zuhören mochte. Ich legte die Zeitung hin. Er deutete mit der Hand zu dem Stapel Sammelalben auf der Ablage des Tisches neben ihm. Er machte weitere Geräusche. Ich kann diese Geräusche nur als Brummen, Schnarren, Räuspern, Bellen und Knurren beschreiben. Aber inzwischen klangen sie für mich fast wie Worte. Ich hörte sie nicht nur als befehlshaberische Feststellungen und Forderungen (»Ich will nicht«, »Hilf mir auf«, »Wie spät ist es«, »Brauche was zu trinken«), sondern als kompliziertere Äußerungen: »Herrgott nochmal, wann ist der Hund endlich still?« oder »Viel heiße Luft« (dies, nachdem ich ihm eine Rede oder einen Leitartikel aus der Zeitung vorgelesen hatte).

Was ich jetzt hörte, bedeutete: »Sehen wir mal, ob's da drin was Interessanteres gibt als in der Zeitung.«

Ich holte den Stapel Sammelalben unter dem Tisch hervor und ließ mich damit zu seinen Füßen auf dem Boden nieder. Auf den Einbänden standen in großen Bleistiftziffern Jahreszahlen der jüngsten Vergangenheit. Ich blätterte 1952 durch und sah den ausgeschnittenen Zeitungsbericht über die Beerdigung von König Georg VI. Darüber stand mit Bleistift: »Albert Frederick Georg. Geboren 1885. Gestorben 1952.« Ein Foto der drei Königinnen in ihren Trauerschleiern.

Auf der nächsten Seite eine Reportage über den Alaska Highway.

»Das ist eine interessante Dokumentation«, sagte ich. »Soll ich Ihnen helfen, ein neues Album anzulegen? Sie könnten bestimmen, was ausgeschnitten und eingeklebt werden soll, und ich würde es dann machen.«

Sein Geräusch bedeutete »Zu mühsam« oder »Was soll's?« oder sogar »Blödsinn«. Er tat König Georg

VI. mit einer Handbewegung ab und wollte die Jahreszahlen auf den anderen Alben sehen. Es waren nicht die richtigen. Er wies aufs Bücherregal. Ich holte einen weiteren Stapel Sammelalben heran. Ich begriff, dass er das Album für ein bestimmtes Jahr suchte, und ich hielt jedes Album so, dass er den Deckel sehen konnte. Trotz seiner Ablehnung schlug ich das eine oder andere auf. Ich sah einen Artikel über die Pumas auf Vancouver Island und einen über den Tod eines Trapezartisten und einen über ein Kind, das von einer Lawine verschüttet worden war und überlebt hatte. Wir gingen die Kriegsjahre durch, die dreißiger Jahre, das Jahr, in dem ich geboren worden war und nahezu noch ein weiteres Jahrzehnt, ehe er zufrieden war. Und den Befehl gab. Das da anschauen. 1923.

Ich schlug die erste Seite des Albums auf.

»Januar-Schneefall begräbt Dörfer in –«

Das nicht. Weiter. Mach schon.

Ich blätterte rasch weiter.

Langsamer. Nicht so schnell. Langsamer.

Ich blätterte die Seiten um, ohne anzuhalten und etwas zu lesen, bis wir zu der kamen, die er wollte.

Das da. Lies das vor.

Es gab weder ein Foto noch eine Überschrift. Mit Bleistift stand da: »*Vancouver Sun*, 17. April 1923«.

»Cortes Island«, las ich laut. »Ist es das?«

Lies das vor. Los.

CORTES ISLAND. In der Nacht vom Samstag auf den Sonntag oder am frühen Sonntagmorgen wurde das Anwesen von Anson James Wild am Südende der Insel durch ein Feuer völlig zerstört. Das Haus lag weit entfernt von anderen Gehöften oder bewohnten Orten, dementsprechend wurden die Flammen von keinem der Inselbewohner bemerkt. Es liegen Berichte vor, denen zufolge am frühen Sonntagmorgen von einem Fischerboot, das zum Desolation Sound unterwegs war, ein Feuer bemerkt wurde, aber die Männer an Bord dachten, dass jemand Gestrüpp niederbrannte. Angesichts der vorherrschenden Nässe im Wald stellte ein Feuer im Unterholz in ihren Augen keine Gefahr dar, und so setzten sie ihren Weg fort.

Mr. Wild war Besitzer der Wildfruit Orchards und wohnte seit etwa fünfzehn Jahren auf der Insel, nachdem er lange beim Militär gedient hatte. Er lebte sehr zurückgezogen, begegnete aber allen mit Freundlichkeit. Er war seit einiger Zeit verheiratet und hatte einen Sohn. Man nimmt an, dass er von der Ostküste stammte.

Das Haus wurde durch die Feuersbrunst in Schutt und Asche gelegt, auch der Dachstuhl war eingestürzt. In den verkohlten Überresten fand man den Leichnam von Mr. Wild, bis zur Unkenntlichkeit verbrannt.

In der Ruine entdeckte man ferner einen rauchgeschwärzten Kanister, der vermutlich Benzin enthalten hatte.

Die Ehefrau von Mr. Wild befand sich zu dem Zeitpunkt nicht auf der Insel, da sie am Mittwoch zuvor auf einem Schiff mitgefahren war, das eine Ladung Äpfel aus der Obstplantage ihres Mannes nach Comox transportierte. Sie hatte vorgehabt, am gleichen Tag zurückzukehren, blieb aber drei Tage und vier Nächte fort, da das Schiff Maschinenschaden hatte. Sie kehrte erst am Sonntagmorgen mit dem Freund zurück, der sie auf dem Schiff mitgenommen hatte, und zusammen entdeckten sie die Tragödie.

Sorge bestand um den kleinen Sohn der Wilds, der nicht im Haus war, als es abbrannte. Die Suche wurde unverzüglich aufgenommen, und vor Einbruch der Dunkelheit fand man am Sonntagabend das Kind weniger als eine Meile weit von seinem Zuhause im Wald. Nach mehreren Stunden im Unterholz war es durchnässt und durchgefroren, aber sonst unverletzt. Offenbar hatte der Junge etwas zu essen mitgenommen, als er das Haus verließ, denn als man ihn fand, hatte er ein wenig Brot bei sich.

Eine Gerichtsverhandlung in Courtenay wird die Ursachen des Feuers zu klären versuchen, das Mr. Wilds Haus zerstörte und ihn das Leben kostete.

»Kannten Sie diese Leute?«, fragte ich.

Umblättern.

4. August 1923. Eine Gerichtsverhandlung in Courtenay auf Vancouver Island über das Feuer, das im April auf Cortes Island zum Tod von Anson James Wild führte, ergab, dass sich der Verdacht auf Brandstiftung durch den Verstorbenen oder durch einen oder mehrere unbekannte Täter nicht aufrechterhalten lässt. Der auf der Brandstätte aufgefundene leere Benzinkanister wurde nicht als hinreichendes Beweismittel anerkannt. Mr. Wild kaufte und benutzte regelmäßig Benzin, so Mr. Percy Kemper, der Ladenbesitzer in Manson's Landing auf Cortes Island.

Der sieben Jahre alte Sohn des Verstorbenen konnte zu dem Feuer keinerlei Auskünfte geben. Er wurde mehrere Stunden danach von einem Suchtrupp im Wald unweit seines Vaterhauses gefunden. Auf Befragen sagte er, sein Vater habe ihm ein Stück Brot und Äpfel gegeben und ihm befohlen, nach Manson's Landing zu laufen, aber er habe sich verirrt. Mehrere Wochen später sagte er hingegen, dass er sich daran nicht erinnerte und nicht wüsste, wie er sich verirren konnte, da er den Weg schon oft zurückgelegt hätte. Dr. Anthony Hewell aus Victoria sagte aus, er habe den Jungen untersucht und halte für möglich, dass er davonlief, als er die Flammen sah, und vielleicht war ihm genug Zeit geblieben, etwas zu essen mitzunehmen, woran er sich nun nicht mehr erinnerte. Andererseits gab Dr. Hewell zu Protokoll, dass die Geschichte des Jungen stimmen konnte und er die Erinnerung daran später verdrängt haben konnte. Er sagte, weiteres Befragen des Kindes halte er für wenig sinnvoll, da es wahrscheinlich nicht in der Lage sei, zwischen den Tatsachen und seinen Phantasievorstellungen zu unterscheiden.

Mrs. Wild war zum Zeitpunkt des Brandes nicht zu Hause, sondern mit einem Schiff nach Vancouver Island gefahren. Eigentümer des Schiffes war James Thompson Gorrie aus Union Bay.

Der Tod von Mr. Wild, so entschied das Gericht, war einem Unfall zuzuschreiben, ursächlich herbeigeführt durch ein Feuer unbekannter Entstehung.

Klapp jetzt das Buch zu.
Leg es weg. Leg sie alle weg.
Nein. Nein. Doch nicht so. Leg sie ordentlich weg.
Jahr für Jahr. So ist's besser. Genau wie sie waren.
Kommt sie schon? Schau aus dem Fenster.
Gut. Aber sie kommt bestimmt bald.
Also, was hältst du davon?
Mir egal. Mir egal, was du davon hältst.

Hättest du je gedacht, dass das Leben anderer Leute so sein kann und dann so enden kann? Doch, es kann.

Ich erzählte Chess nichts davon, obwohl ich ihm sonst alles über meinen Tag erzählte, was er interessant oder komisch finden könnte. Er hatte jetzt eine Art, jede Erwähnung der Gorries abzutun. Er hatte ein Wort für sie. Es lautete »grotesk«.

Die mageren kleinen Bäume im Park schmückten sich mit Blüten, die in hellem Rosa leuchteten wie gefärbtes Popcorn.

Und ich begann mit richtiger Arbeit.

Die Stadtbücherei von Kitsilano rief an und bat mich, am Samstagnachmittag für ein paar Stunden auszuhelfen. Ich fand mich hinter dem Tresen wieder und stempelte das Fälligkeitsdatum in die Bücher von Lesern, die ich vom gemeinsamen Ausleihen kannte. Und nun lächelte ich sie von der anderen Seite her an. Ich sagte: »Dann sehen wir uns in zwei Wochen wieder.«

Einige lachten und sagten: »Oh, wesentlich früher«, denn sie waren Süchtige wie ich.

Wie sich herausstellte, war dies eine Arbeit, die ich bewältigen konnte. Keine Registrierkassen – wenn Strafgebühren bezahlt wurden, holte man das Wechselgeld aus einer Schublade. Außerdem wusste ich schon recht gut, welche Bücher wo standen. Und für die Ablage von Karteikarten war nur das Alphabet erforderlich, das ich beherrschte.

Mehr Stunden wurden mir angeboten. Bald eine befristete Vollzeitstelle. Eine der Festangestellten hatte eine Fehlgeburt erlitten. Sie blieb zwei Monate weg, und am Ende dieser Zeit war sie wieder schwanger, und ihr Arzt riet ihr, nicht wieder zu arbeiten. So gelangte ich in den Kreis der festen Mitarbeiterinnen und behielt diese Stellung bis zum fünften Monat meiner eigenen Schwangerschaft. Ich arbeitete mit Frauen zusammen, die ich vom Sehen schon lange kannte. Mavis und Shirley, Mrs. Carlson und Mrs. Yost. Alle wussten noch, dass ich oft gekommen war und mich stundenlang in der Bücherei herumgedrückt hatte, sagten sie. Ich schämte mich, weil ich ihnen so aufgefallen war. Ich schämte mich, weil ich so oft gekommen war.

Welch schlichtes Vergnügen war es, meine Position einzunehmen, hinter dem Tresen den Leuten gegenüberzustehen, allen, die mich ansprachen, sachkundig und munter und freundlich zu begegnen. Von ihnen als eine Person gesehen zu werden, die sich auskannte, die in der Welt eine klare Aufgabe hatte. Das Verkriechen und das ziellose Umherlaufen und das Träumen aufzugeben und die junge Frau in der Bücherei zu werden.

Natürlich hatte ich jetzt weniger Zeit zum Lesen, und manchmal hielt ich für einen Augenblick ein

Buch in der Hand, bei meiner Arbeit am Tresen – ich hielt das Buch in der Hand wie einen Gegenstand, nicht wie ein Gefäß, das ich sofort austrinken musste –, und mich durchzuckte Furcht, wie in einem Traum, wenn man in das falsche Gebäude geraten ist oder den Termin der Prüfung vergessen hat oder begreift, dies ist nur der Zipfel einer düsteren Umwälzung oder eines lebenslangen Fehlers.

Aber dieser Schreck verging gleich wieder.

Die Frauen, mit denen ich zusammenarbeitete, erinnerten sich, dass sie mich früher in der Bücherei hatten schreiben sehen.

Ich sagte, ich hätte Briefe geschrieben.

»Sie schreiben Ihre Briefe in eine Kladde?«

»Aber ja«, sagte ich. »Das ist billiger.«

Das letzte Schulheft wurde kalt, versteckt in der Schublade mit dem Durcheinander meiner Strümpfe und meiner Unterwäsche. Es wurde kalt, sein Anblick demütigte mich und erfüllte mich mit bösen Vorahnungen. Ich wollte es wegwerfen, tat es aber nicht.

Mrs. Gorrie beglückwünschte mich nicht zu meiner neuen Stellung.

»Sie haben mir gar nicht gesagt, dass Sie sich nach was anderem umsehen«, sagte sie.

Ich sagte, mein Name stünde in der Bücherei schon seit langem auf der Liste, und das hätte ich ihr auch erzählt.

»Das war, bevor Sie angefangen haben, für mich zu arbeiten«, sagte sie. »Und was wird jetzt mit Mr. Gorrie?«

»Es tut mir leid«, sagte ich.

»Das wird ihm wohl kaum helfen.«

Sie zog die rosa Augenbrauen hoch und sprach mit mir in der hochtrabenden Art, die ich gehört hatte, wenn sie mit dem Fleischer oder dem Kaufmann telefonierte, der ihre Bestellung fehlerhaft ausgeführt hatte.

»Und was soll ich jetzt machen?«, fragte sie. »Sie haben mich elend im Stich gelassen. Ich hoffe nur, Sie halten Ihre Versprechungen anderen gegenüber ein bisschen besser als Ihr Versprechen mir gegenüber.«

Das war natürlich Unsinn. Ich hatte ihr nicht gesagt, wie lange ich bleiben würde. Dennoch plagten mich Schuldgefühle, wenn nicht sogar regelrechtes Schuldbewusstsein. Ich hatte ihr nichts versprochen, aber was war damit, dass ich ihr oft nicht aufgemacht hatte, dass ich versucht hatte, mich unbemerkt aus dem Haus zu stehlen, und mit gesenktem Kopf unter ihrem Küchenfenster vorbeigegangen war? Was war damit, dass ich ihre – doch sicherlich ehrlich gemeinten – Angebote nur mit einer dünnen, aber dafür zuckersüßen Vortäuschung von Freundschaft erwidert hatte?

»Eigentlich ist es ganz gut so«, sagte sie. »Es wäre

mir gar nicht recht, wenn jemand nach Mr. Gorrie sieht, auf den man sich nicht verlassen kann. Ich war sowieso nicht zufrieden damit, wie Sie ihn versorgt haben, das kann ich Ihnen sagen.«

Bald hatte sie Ersatz gefunden – eine kleine, spinnenartige Frau mit Haarnetz. Ich hörte sie nie sprechen. Aber ich hörte Mrs. Gorrie mit ihr sprechen. Die Wohnungstür oben wurde eigens dafür aufgelassen.

»Sie hat nie seine Teetasse abgewaschen. Oft hat sie ihm nicht mal seinen Tee gemacht. Ich weiß nicht, wozu sie gut war. Dasitzen und die Zeitung vorlesen.«

Wenn ich jetzt aus dem Haus ging, wurde das Küchenfenster aufgerissen, und ihre Stimme gellte über meinen Kopf hinweg, obwohl sie vorgeblich mit Mr. Gorrie sprach.

»Da geht sie hin. Hat's nicht mal nötig, uns zuzuwinken. Wir haben ihr Arbeit gegeben, als keiner sie haben wollte, aber heute hat sie's nicht mehr nötig.«

Ich winkte nicht. Ich musste an dem Wohnzimmerfenster vorbei, hinter dem Mr. Gorrie saß, aber ich hatte die Vorstellung, wenn ich jetzt winkte oder ihn auch nur ansah, würde ihn das demütigen. Alles, was ich tat, konnte wie eine Verhöhnung wirken.

Schon vor der nächsten Querstraße hatte ich beide vergessen. Der Morgen war strahlend hell, und ich schritt aus, belebt von dem Gefühl, befreit zu sein und ein Ziel zu haben. In solchen Momenten kam mir meine unmittelbare Vergangenheit irgendwie beschämend vor. Stunden hinter dem Alkovenvorhang, Stunden am Küchentisch und Seite um Seite voller Fehlschläge, Stunden in einem überheizten Zimmer mit einem alten Mann. Der zottige Teppich und die plüschigen Polstermöbel, der Geruch seiner Kleidung und seines Körpers und des trockenen Kleisters der Sammelalben, die Hektar Zeitungspapier, die ich durchpflügen musste. Die schauerliche Geschichte, die er aufgehoben und mir zu lesen gegeben hatte. (Ich begriff keinen Augenblick lang, dass sie in die Kategorie menschlicher Tragödien gehörte, denen ich, wenn sie in Büchern standen, Achtung zollte.) Ich erinnerte mich an all das, wie ich mich an eine Zeit der Krankheit in meiner Kindheit erinnerte, als ich nicht ungern in kuscheliger Flanellbettwäsche mit ihrem Geruch nach Kampferöl gefangen lag, festgehalten von meiner Mattigkeit und den fiebrigen, nicht ganz entzifferbaren Botschaften der Äste und Zweige, die ich durch mein Fenster im ersten Stock sah. Solchen Zeiten trauerte man nicht lange nach, sie wanderten einfach in die Rumpelkammer. Und auch ein Teil von mir selbst – ein ungesunder Teil? – schien nun beim Gerümpel zu landen. Man sollte meinen, diese Verwandlung wäre von der Ehe herbeigeführt worden, aber so war es nicht, zumindest anfangs nicht. Verkrochen hatte ich vor mich hingebrütet, war meinem alten Ich treu geblieben – störrisch, unweiblich, voller Angst, etwas von mir preiszugeben. Jetzt ging ich das Leben an und schätzte mich glücklich, mich in eine Ehefrau und Angestellte verwandelt zu haben. Hübsch und tüchtig genug, wenn ich mir Mühe gab. Keine Spinnerin. Ich machte mich.

Mrs. Gorrie kam mit einem Kopfkissenbezug an meine Tür. Feindselig, pessimistisch lächelnd zeigte sie die Zähne und fragte mich, ob es meiner sein könnte. Ich verneinte ohne Zögern. Die beiden Bezüge, die ich besaß, waren auf den beiden Kopfkissen auf unserem Bett.

Im Tonfall einer Märtyrerin sagte sie: »Na, meiner ist es ganz bestimmt nicht.«

Ich fragte: »Woran erkennen Sie das?«

Langsam wurde ihr Lächeln giftiger und selbstsicherer.

»Mit so einem Stoff würde ich nie Mr. Gorries Bett beziehen. Oder meins.«

Warum nicht?

Weil–er–nicht–gut–genug–ist.

Also musste ich gehen und die Bezüge von den Kissen auf unserem Alkovenbett abziehen und ihr an die Tür bringen, und tatsächlich stellte sich heraus, dass sie nicht zusammengehörten, obwohl sie für mich so ausgesehen hatten. Einer war aus »gutem«

Stoff, das war ihrer, und der in ihrer Hand war meiner.

»Ich hätte nie geglaubt, dass so was nicht auffällt«, sagte sie, »wenn's jemand anderem als Ihnen passiert wäre.«

Chess hatte von einer anderen Wohnung gehört. Eine richtige Wohnung, keine »möblierte Wohneinheit« – mit einem vollausgestatteten Badezimmer und zwei Schlafzimmern. Ein Kollege von ihm zog aus, weil er und seine Frau sich ein Haus gekauft hatten. Die Wohnung lag an der Ecke First Avenue und Macdonald Street. Ich konnte immer noch zu Fuß zur Arbeit, und er konnte mit demselben Bus fahren wie bisher. Mit zwei Gehältern konnten wir sie uns leisten. Der Kollege und seine Frau ließen einige Möbel zurück und waren bereit, sie billig abzugeben. Sie passten nicht in ihr neues Haus, aber uns kamen sie prachtvoll vor in ihrer Bürgerlichkeit. Wir gingen durch die hellen Zimmer im dritten Stock und bewunderten die cremeweiß gestrichenen Wände, das Eichenparkett, die geräumigen Küchenschränke und den gefliesten Badezimmerfußboden. Die Wohnung hatte sogar einen kleinen Balkon, von dem man auf das Laub vom Macdonald Park blickte. Wir verliebten uns auf neue Art ineinander, verliebten uns in unseren neuen Status, unsere Versetzung ins Erwachsenenleben aus dem Keller heraus, der nur eine kurze

Zwischenstation gewesen war. In unseren Gesprächen kam er noch jahrelang als Witz vor, als Härtetest. Jeder unserer Umzüge – in das gemietete Haus, in unser erstes eigenes Haus, in unser zweites eigenes Haus, in das erste Haus in einer anderen Stadt – brachte dieses Hochgefühl von Fortschritt mit sich und festigte unsere Verbindung. Bis zum letzten und bei weitem imposantesten Haus, das ich mit dunklen Vorahnungen und aufkeimenden Fluchtgedanken betrat.

Wir händigten Ray unsere Kündigung aus, ohne Mrs. Gorrie etwas davon zu sagen. Das trieb sie auf den Gipfel der Feindseligkeit. Sie drehte sogar ein Stück weit durch.

»Ach, sie hält sich ja für so schlau. Dabei kann sie nicht mal zwei Zimmer sauberhalten. Wenn sie den Boden auffegt, kehrt sie den Dreck bloß in eine Ecke.«

Beim Kauf meines ersten Besens hatte ich vergessen, auch eine Kehrschaufel zu erstehen, und eine Zeit lang hatte ich es wirklich so gemacht. Aber das konnte sie nur wissen, wenn sie in meiner Abwesenheit mit einem eigenen Schlüssel in unsere Zimmer eingedrungen war. Was sie offenbar getan hatte.

»Sie ist eine Petze. Schon als ich sie zum ersten Mal sah, wusste ich gleich, sie ist eine Petze. Und eine Lügnerin. Sie ist nicht ganz richtig im Kopf. Sie hat da unten gesessen und behauptet, sie schreibt Briefe,

227

dabei schreibt sie immer wieder dasselbe hin – keine Briefe, immer wieder dasselbe. Sie ist nicht ganz richtig im Kopf.«

Jetzt wusste ich, dass sie die Bögen in meinem Papierkorb auseinandergebreitet haben musste. Ich versuchte oft, dieselbe Geschichte mit denselben Worten zu beginnen. Wie sie sagte, immer wieder.

Es war draußen richtig warm geworden, und ich ging ohne Jacke zur Arbeit, in einem eng anliegenden Pullover, den ich im Rock trug, unter einem Gürtel, der ins engste Loch geschnallt war.

Sie riss die Haustür auf und schrie mir hinterher.

»Schlampe. Sieh dir bloß die Schlampe an, wie sie den Busen rausstreckt und mit dem Hintern wackelt. Sie halten sich wohl für Marilyn Monroe?«

Und: »Wir brauchen Sie nicht in unserem Haus. Je eher Sie verschwinden, desto besser.«

Sie rief Ray an und erzählte ihm, ich versuchte, ihre Bettwäsche zu stehlen. Sie beklagte sich, dass ich in der ganzen Straße Geschichten über sie herumerzählte. Sie hatte die Wohnungstür aufgemacht, um sicherzugehen, dass sie mich hören konnte, und sie brüllte ins Telefon, was kaum nötig war, denn wir teilten uns einen Anschluss und konnten jederzeit mithören. Ich tat es nie – mein Instinkt war, mir die Ohren zuzuhalten –, aber eines Abends, als Chess zu Hause war, nahm er den Hörer ab und sprach hinein.

»Beachten Sie sie gar nicht, Ray, sie ist nur eine

verrückte alte Frau. Ich weiß, sie ist Ihre Mutter, aber ich muss Ihnen sagen, sie ist eine verrückte alte Frau.«

Ich fragte ihn, was Ray gesagt hatte, ob er sich darüber geärgert hatte.

»Er hat nur gesagt: ›Schon gut.‹«

Mrs. Gorrie hatte aufgehängt und zeterte direkt die Treppe herunter: »Ich werde Ihnen sagen, wer verrückt ist. Ich werde Ihnen sagen, wer eine verrückte Lügnerin ist und Lügen über mich und meinen Mann verbreitet –«

Chess sagte: »Wir hören Ihnen nicht zu. Lassen Sie meine Frau in Ruhe.« Später sagte er zu mir: »Was meint sie mit Lügen über sie und ihren Mann?«

Ich sagte: »Ich weiß es nicht.«

»Sie hat es einfach auf dich abgesehen«, sagte er. »Weil du jung bist und hübsch aussiehst und sie eine alte Hexe ist.«

»Vergiss es«, sagte er und machte einen halben Witz, um mich aufzuheitern.

»Wozu sind alte Frauen überhaupt auf der Welt?«

Wir fuhren im Taxi zu unserer neuen Wohnung, nur mit unseren Koffern. Wir warteten auf dem Bürgersteig auf das Taxi und standen mit dem Rücken zum Haus. Ich rechnete mit einer letzten Schimpfkanonade, aber es kam kein Laut.

»Was, wenn sie eine Pistole hat und mich in den Rücken schießt?«, sagte ich.

»Rede nicht wie sie«, sagte Chess.

»Ich würde Mr. Gorrie gern zuwinken, falls er da ist.«

»Besser nicht.«

Ich warf keinen letzten Blick auf das Haus, und ich ging auch diese Straße, das Stück der Arbutus Street, das dem Park und dem Meer zugewandt ist, nie wieder entlang. Ich habe keine klare Vorstellung mehr davon, wie das Haus aussah, obwohl ich mich an ein paar Dinge – den Alkovenvorhang, die Wohnzimmervitrine, Mr. Gorries grünen Ruhesessel – genau erinnere.

Wir lernten andere junge Paare kennen, die wie wir angefangen hatten, in billigem Wohnraum in den Häusern anderer Leute. Wir hörten von Ratten, Kakerlaken, üblen Toiletten und verrückten Hauswirtinnen. Und wir erzählten von unserer verrückten Hauswirtin. Ihrem Verfolgungswahn.

Sonst dachte ich nicht mehr an Mrs. Gorrie.

Aber Mr. Gorrie erschien in meinen Träumen. In meinen Träumen schien ich ihn zu kennen, bevor er sie kennengelernt hatte. Er war beweglich und kräftig, aber er war nicht jung und sah nicht besser aus als zu der Zeit, als ich ihm im Wohnzimmer vorgelesen hatte. Vielleicht konnte er sprechen, aber seine Äußerungen waren auf dem Niveau jener Geräusche, die ich zu interpretieren gelernt hatte – schroff und her-

risch, eine wesentliche, aber vielleicht zu wenig be-
achtete Begleiterscheinung des Geschehens. Und das
Geschehen war explosiv, denn es waren erotische
Träume. In dieser ganzen Zeit, in der ich eine junge
Ehefrau und dann, ohne ungebührliche Verzöge-
rung, eine junge Mutter war – vielbeschäftigt, treu
und regelmäßig befriedigt –, hatte ich immer wieder
Träume, in denen der Überfall, die Erwiderung, die
Möglichkeiten über alles hinausgingen, was das Leben bot. Und aus denen romantische Liebe verbannt
war. Ebenso wie alle Hemmungen. Unser Bett – das
Mr. Gorrie und ich teilten – war der steinige Strand
oder das raue Bootsdeck oder schmerzhafte, ölige
Tauwerkrollen. Es gab ein Schwelgen im, man könnte
sagen, Widerwärtigen. Sein stechender Geruch, sein
milchiges Auge, seine faulingen Zähne. Ich erwachte
aus diesen heidnischen Träumen bar allen Erstaunens, aller Scham, und schlief wieder ein und erwachte mit einer Erinnerung, die ich am Morgen
verdrängte. Für viele Jahre und sicherlich noch lange
nach seinem Tod agierte Mr. Gorrie so in meinem
Nachtleben. Bis ich ihn vermutlich aufgebraucht
hatte, wie wir die Toten aufbrauchen. Aber so kam es
mir nie vor – dass ich das Heft in der Hand hatte, dass
ich ihn dorthin geholt hatte. Es schien gegenseitig zu
sein, als hätte auch er mich dorthin geholt und als
wäre es sein Erleben ebenso wie meines.

Und das Boot und der Anlegesteg und die Steine

am Ufer, die Bäume, die zum Himmel strebten oder sich krümmten und über das Wasser beugten, die komplizierten Umrisse der umgebenden Inseln und der verhangenen und dennoch deutlich sich abzeichnenden Berge schienen in einer natürlichen Wirrnis da zu sein, großartiger und gleichzeitig alltäglicher als alles, was ich träumen oder erfinden konnte. Wie ein Ort, der weiterhin da sein wird, ob man sich dort befindet oder nicht, und der tatsächlich immer noch da ist.

Aber ich sah nie die verkohlten Dachbalken des Hauses, herabgestürzt auf den Leichnam des Ehemannes. Das war zu lange her, und der Wald hatte alles überwuchert.

Einzig der Schnitter

Das Spiel, das sie spielten, war fast das gleiche, das Eve mit Sophie gespielt hatte, auf langen, öden Autofahrten, als Sophie ein kleines Mädchen war. Damals drehte es sich um Spione – jetzt um Aliens. Sophies Kinder Philip und Daisy saßen auf dem Rücksitz. Daisy war knapp drei und konnte noch nicht verstehen, was vorging. Philip war sieben und Chef im Ring. Er suchte das Auto aus, dem sie folgen mussten, weil darin soeben eingetroffene Raumfahrer aus dem All saßen und auf dem Weg zu ihrem geheimen Hauptquartier waren, der Höhle der Invasoren. Sie erhielten ihre Anweisungen durch Signale von glaubhaft aussehenden Leuten in anderen Autos oder von jemandem, der neben einem Briefkasten stand oder sogar auf einem Feld einen Traktor fuhr. Viele Aliens waren schon auf der Erde gelandet und übertragen – das war Philips Wort – worden, sodass jeder einer sein konnte. Tankwarte oder Frauen, die Kinderwagen schoben, oder sogar die Babys in den Kinderwagen. Sie alle konnten Signale geben.

Eve und Sophie hatten dieses Spiel meistens auf einem vielbefahrenen Highway gespielt, wo genug Verkehr war und sie nicht entlarvt werden konnten. (Obwohl sie sich einmal so hineingesteigert hatten, dass sie auf einem Vorstadtsträßchen gelandet waren.) Auf den Landstraßen, die Eve heute nahm, war das nicht so leicht. Sie versuchten das Problem zu lösen, indem sie bei der Verfolgung notfalls von einem Wagen auf einen anderen wechselten, denn einige waren nur Ablenkungsmanöver, die gar nicht zum Hauptquartier fuhren, sondern sie in die Irre führten.

»Nein, das ist anders«, sagte Philip. »Die machen das so: die saugen die Leute aus dem einen Auto in ein anderes, falls sie verfolgt werden. Die können in einem Körper drin sein, und dann sausen sie *schlupp* durch die Luft in einen anderen Körper in einem anderen Auto. Sie sausen andauernd in andere Leute, und die Leute wissen gar nicht, was in ihnen drin war.«

»Ist wahr?«, sagte Eve. »Woher wissen wir dann, welches Auto es ist?«

»Der Code ist auf dem Nummernschild«, sagte Philip. »Das wird von dem elektrischen Feld verändert, das sie im Auto aufbauen. Damit ihre Überwacher im Weltraum ihnen folgen können. Das ist bloß was ganz Kleines und Einfaches, aber ich darf's euch nicht sagen.«

»Kapiere«, sagte Eve. »Wahrscheinlich kennen nur sehr wenige Leute den Code.«

Philip sagte: »Im Moment bin ich in Ontario der Einzige.«

Philip saß so weit vorn, wie sein Sicherheitsgurt es erlaubte, trommelte sich manchmal vor banger Konzentration auf die Zähne und stieß leise Pfeifgeräusche aus, wenn er Eve warnte.

»M-m, aufpassen«, sagte er. »Ich glaub, du musst umdrehen. Ja. Ja. Der da, glaub ich.«

Sie waren bisher einem weißen Mazda gefolgt und sollten jetzt offenbar einem alten grünen Pick-up folgen, einem Ford. Eve fragte: »Bist du sicher?«

»Klar.«

»Du hast gespürt, wie sie durch die Luft gesogen wurden?«

»Sie werden simultan übertragen«, sagte Philip. »Ich hätte auch sagen können, sie werden gesogen, aber das ist nur, damit man's leichter verstehen kann.«

Eves ursprünglicher Plan war, das Hauptquartier im Dorfladen aufzuspüren, der Eis verkaufte, oder auf dem Spielplatz. Dann konnte sich herausstellen, dass alle Aliens dort in Gestalt von Kindern versammelt waren, die den Lockungen von Eiscreme oder Rutschbahnen und Schaukeln erlegen waren und ihre überirdischen Kräfte vorübergehend eingebüßt hatten. Deshalb konnten sie dich nicht entführen oder in dich hineinschlüpfen, außer du suchtest dir die eine falsche Sorte Eiscreme aus oder schwangst auf einer ganz bestimmten Schaukel so oft hin und her, bis du die eine falsche Zahl erreicht hattest. (Es musste einen Rest von Gefahr geben, sonst würde Philip sich betrogen und gedemütigt fühlen.) Aber Philip hatte so gründlich das Kommando übernommen, dass es jetzt schwer war, den Ausgang zu bestimmen. Der Pick-up bog von der asphaltierten Landstraße ab in eine geschotterte Nebenstraße. Eine klapprige Kiste ohne Verdeck, die Karosserie von Rost zerfressen – weit würde das Ding nicht mehr fahren. Wohl nur noch heim zu einer Farm. Womöglich begegneten sie keinem anderen Auto mehr, an das sie sich anhängen konnten, bevor die Klapperkiste ihr Ziel erreichte.

»Bist du ganz sicher, dass es der ist?«, fragte Eve. »Da sitzt nur ein Mann drin. Ich dachte, sie sind nie allein unterwegs.«

»Der Hund«, sagte Philip.

Denn auf der Ladefläche fuhr ein Hund mit und rannte immerzu hin und her, als täte sich überall etwas, das ständig beobachtet werden musste.

»Der Hund ist auch einer«, sagte Philip.

An jenem Morgen, als Sophie losfuhr, um Ian vom Flughafen in Toronto abzuholen, hatte Philip im Kinderzimmer dafür gesorgt, dass Daisy beschäftigt war. Daisy hatte sich recht gut in dem fremden Haus eingelebt – nur dass sie seit Beginn des Urlaubs allnächtlich ins Bett machte –, aber zum ersten Mal fuhr ihre Mutter weg und ließ sie zurück. Also hatte Sophie Philip gebeten, seine Schwester abzulenken, und er tat es mit Begeisterung (glücklich über diesen Lauf der Dinge?). Er jagte die Spielzeugautos mit wütendem Motorengebrumm über den Fußboden, um das Geräusch des Mietwagens zu übertönen, mit dem Sophie wegfuhr. Kurz danach rief er Eve zu: »Ist die F. M. weg?«

Eve war in der Küche, räumte die Reste vom Frühstück weg und riss sich zusammen. Sie ging ins Wohnzimmer. Da lag die Videokassette von dem Film, den sie sich mit Sophie am Abend zuvor angesehen hatte.

Die Brücken von Madison County.

»Was heißt F. M.?«, fragte Daisy.

Das Kinderzimmer ging vom Wohnzimmer ab. Das Haus war klein und beengt, mit billigen Mitteln für Sommergäste hergerichtet. Eve hatte sich ausgedacht, ein Ferienhaus am See zu mieten – für Sophies und Philips ersten Besuch bei ihr seit fünf Jahren und für Daisys allerersten. Sie hatte sich dieses Stück des Ufers von Lake Huron ausgesucht, weil in ihrer Kindheit ihre Eltern mit ihr und ihrem Bruder oft hierher gefahren waren. Doch die Gegend hatte sich verändert – die Ferienhäuser waren alle so solide wie Einfamilienhäuser, und die Mieten astronomisch. Dieses Haus, fast einen Kilometer landeinwärts vom steinigen, unbeliebten Nordende des Badestrandes, war noch das beste von denen gewesen, die für sie erschwinglich waren. Es stand mitten in einem Maisfeld. Sie hatte den Kindern erzählt, was ihr Vater früher einmal ihr erzählt hatte – dass man nachts den Mais wachsen hören konnte.

Jeden Tag, wenn Sophie Daisys im Becken gewaschene Bettwäsche von der Leine nahm, musste sie die Maiskäfer herausschütteln.

»Es heißt Furzmaschine«, sagte Philip mit einem herausfordernden Seitenblick zu Eve.

Eve blieb in der Tür stehen. Am Abend zuvor hatte sie sich mit Sophie angesehen, wie Meryl Streep im Laster ihres Mannes saß, im Regen, den Türgriff herunterdrückte und sich vor Sehnsucht verzehrte, während ihr Geliebter wegfuhr. Dann hatten sie sich angesehen und festgestellt, dass ihnen beiden die Augen voller Tränen standen, und den Kopf geschüttelt und gelacht.

»Es heißt auch Familienmutter«, sagte Philip in versöhnlicherem Ton. »So nennt Dad sie manchmal.«

»Also«, sagte Eve. »Wenn das deine Frage ist, lautet die Antwort Ja.«

Sie überlegte, ob er Ian für seinen richtigen Vater hielt. Sie hatte Sophie nicht gefragt, was sie ihm gesagt hatten. Sie würde ihm natürlich nichts sagen.

Sein richtiger Vater war ein irischer Junge gewesen, der in Nordamerika herumreiste und zu entscheiden versuchte, was er tun sollte, nachdem er nicht mehr Priester werden wollte. Eve hatte ihn für einen von Sophies Freunden gehalten, der ihr nicht besonders nahe stand, und das schien auch Sophies Einstellung gewesen zu sein, bis sie ihn verführte. (»Er war so schüchtern, ich dachte schon, es wird nie was«, sagte sie.) Erst als Eve Philip sah, bekam sie eine klare Vorstellung davon, wie dieser Junge ausgesehen hatte – der helläugige, pedantische, sensible, höhnische, überkritische, errötende, scheue, streitlustige junge Ire. Ganz ähnlich wie Samuel Beckett, sagte sie, bis in die Runzeln hinein. Als das Baby dann größer wurde, verschwanden die Runzeln natürlich.

Sophie studierte zu der Zeit Archäologie. Eve kümmerte sich um Philip, wenn sie Vorlesungen hatte. Eve war Schauspielerin – sie war es immer noch, wenn ihr eine Rolle angeboten wurde. Auch damals schon hatte sie zeitweise nichts zu tun, und wenn sie tagsüber Proben hatte, konnte sie Philip mitnehmen. Mehrere Jahre lang hatten sie in Eves Wohnung in Toronto zusammengelebt – Eve und Sophie und Philip. Es war Eve, die Philip erst in seinem Babywägelchen und dann in seiner Kinderkarre umherfuhr, durch alle Straßen zwischen Queen und College und Spadina und Ossington, und auf diesen Spaziergängen entdeckte sie manchmal genau das richtige, wenn auch ein bisschen heruntergekommene kleine Haus, das in einer ihr bis dahin unbekannten kurzen, baumbestandenen Sackgasse zum Verkauf stand. Sie schickte Sophie hin, es sich ansehen; sie trafen sich beide mit dem Makler, redeten über Hypotheken, besprachen, welche Renovierungen sie bezahlen mussten und was sie selber machen konnten. Sie überlegten hin und her und träumten vor sich hin, bis das Haus an jemand anders verkauft wurde oder bis Eve einen ihrer seltenen, aber heftigen Sparsamkeitsanfälle bekam, oder bis jemand sie überzeugte, dass diese reizvollen kleinen Seitenstraßen für Frauen und Kinder nicht annähernd so sicher waren wie die hellerleuchtete, hässliche, belebte und laute Straße, in der sie wohnen blieben.

Ian war jemand, von dem Eve sogar noch weniger Notiz nahm als vorher von dem irischen Jungen. Er war ein Freund; er kam nie in die Wohnung, außer mit anderen zusammen. Dann nahm er eine Stellung in Kalifornien an – er war Stadtgeograph –, und Sophie brachte es auf eine Telefonrechnung, über die Eve mit ihr reden musste, und insgesamt veränderte sich die Atmosphäre in der Wohnung. (Hätte Eve die Rechnung nicht erwähnen sollen?) Bald wurde ein Besuch geplant, und Sophie nahm Philip mit, denn Eve spielte in der Provinz Sommertheater.

Nicht lange danach traf die Neuigkeit aus Kalifornien ein. Sophie und Ian wollten heiraten.

»Wäre es nicht klüger, erst einmal eine Weile lang zusammenzuleben?«, fragte Eve am Telefon in ihrer Pension, und Sophie sagte: »Auf keinen Fall. Er ist komisch. Er glaubt nicht an so was.«

»Aber ich kann nicht weg für die Hochzeit«, sagte Eve. »Wir spielen bis Mitte September.«

»Das macht nichts«, sagte Sophie. »Es wird keine *Hochzeit*-Hochzeit.«

Und bis zu diesem Sommer hatte Eve sie nicht wieder gesehen. Anfangs fehlte auf beiden Seiten das Geld. Wenn Eve arbeitete, hatte sie feste Kosten, und wenn sie nicht arbeitete, konnte sie sich nichts außer der Reihe leisten. Bald hatte auch Sophie eine Stellung – als Sprechstundenhilfe in einer Arztpraxis. Einmal wollte Eve schon einen Flug buchen, da rief Sophie an, um zu sagen, dass Ians Vater gestorben war und dass Ian zur Beerdigung nach England flog und dann seine Mutter mitbrachte.

»Und wir haben nur ein Gästezimmer«, sagte sie.

»Gott behüte«, sagte Eve. »Zwei Schwiegermütter in einem Haus, geschweige denn in einem Zimmer.«

»Vielleicht, nachdem sie weg ist?«, sagte Sophie.

Aber diese Mutter blieb bis nach Daisys Geburt, blieb, bis sie in das neue Haus zogen, blieb insgesamt acht Monate. Inzwischen hatte Ian angefangen, sein Buch zu schreiben, und es war für ihn schwierig, wenn Besucher im Haus waren. Es war ohnehin schon schwierig. Die Zeit, in der Eve zuversichtlich genug war, um sich selbst einzuladen, ging vorbei. Sophie schickte Fotos von Daisy, dem Garten, allen Zimmern des Hauses.

Dann kündigte sie an, dass sie kommen konnten, sie und Philip und Daisy konnten in diesem Sommer nach Ontario kommen. Sie würden drei Wochen mit Eve verbringen, während Ian allein in Kalifornien arbeitete. Am Ende dieser Zeit würde er nachkommen, und sie würden von Toronto aus nach England fliegen, um einen Monat bei seiner Mutter zu verbringen.

»Ich besorge ein Ferienhaus am See«, sagte Eve. »Ach, das wird schön.«

»Bestimmt«, sagte Sophie. »Verrückt, dass es so lange gedauert hat.«

Und es war auch schön geworden. Jedenfalls einigermaßen, hatte Eve gedacht. Sophie schien nicht sonderlich überrascht oder in Sorge zu sein, als Daisy ins Bett machte. Philip war ein paar Tage lang mäkelig und ablehnend, reagierte kühl auf Eves Bericht, dass sie ihn schon als Baby gekannt hatte, und jammerte wegen der Mücken, die sich in Schwärmen auf sie stürzten, wenn sie durch den Uferwald an den Strand eilten. Er wollte nach Toronto und das Planetarium sehen. Aber dann gewöhnte er sich ein, schwamm im See, ohne sich über das kalte Wasser zu beklagen, und beschäftigte sich mit eigenen Unternehmungen – wie zum Beispiel das Fleisch einer toten Wasserschildkröte, die er nach Hause mitgeschleppt hatte, zu kochen und abzukratzen, damit er ihren Panzer behalten konnte. Der Magen der Schildkröte enthielt einen unverdauten Flusskrebs, dessen Schale sich in Streifen ablöste, aber das störte ihn alles nicht.

Eve und Sophie hatten inzwischen einen angenehmen, trödelnden Tagesablauf entwickelt, mit Hausarbeiten am Vormittag, Nachmittagen am Strand, Wein zum Abendbrot und Filmen später am Abend. Sie begannen, halb ernstgemeinte Pläne für das Haus zu schmieden. Was konnte man damit machen? Als Erstes die Tapete im Wohnzimmer ablösen, ein Imitat imitierter Holzverkleidung. Das Linoleum herausreißen, mit seinem lächerlichen Muster goldener Wappenlilien, die von eingetretenem Sand und schmutzigem Aufwischwasser braun waren. Sophie steigerte sich so hinein, dass sie ein angefaultes Stück vor der Spüle lockerte und darunter Holzdielen entdeckte, die bestimmt abgezogen werden konnten. Sie redeten darüber, was es kostete, eine Schleifmaschine zu mieten (vorausgesetzt natürlich, das Haus gehörte ihnen), und welche Farben sie für die Türen und die Balken wählen würden, für die Fensterläden und für die offenen Regale in der Küche anstelle der verschmutzten Sperrholzschränke. Wie wär's mit einem Kamin?

Und wer sollte hier wohnen? Eve. Die Schneemobilfreaks, die das Haus im Winter als Klubhaus benutzten, bauten sich etwas Eigenes, und der Besitzer war vielleicht glücklich, es ganzjährig zu vermieten. Oder es vielleicht, in Anbetracht seines Zustandes, sehr billig zu verkaufen. Es konnte ein Erholungsort sein, falls Eve im kommenden Winter das erhoffte Engagement bekam. Und falls nicht, warum nicht die Wohnung untervermieten und hier wohnen? Dann blieben ihr der Differenzbetrag aus den Mieten und die Rente, die sie ab Oktober erhielt, und das Geld, das immer noch für ihren Vitamintabletten-Werbespot eintrudelte. Sie konnte davon leben.

»Und wenn wir dann im Sommer kommen, können wir dir bei der Miete helfen«, sagte Sophie.

Philip hörte sie. Er fragte: »Jeden Sommer?«

»Aber du magst doch jetzt den See«, sagte Sophie. »Es gefällt dir doch jetzt hier.«

»Und die Mücken, weißt du, die sind nicht jedes Jahr so schlimm«, sagte Eve. »Meistens sind sie nur im Frühsommer schlimm. Im Juni, lange bevor ihr herkommt. Im Frühling sind hier überall solche sumpfigen Stellen voller Wasser, und darin vermehren sie sich, und dann trocknen die sumpfigen Stellen aus, und sie können sich nicht mehr vermehren. Aber in diesem Jahr hat es so viel geregnet, dass die Stellen nicht ausgetrocknet sind, da konnten die Mücken nochmal zulegen und sich vervierfachen.«

Sie hatte herausgefunden, wie sehr er sachliche Information schätzte und ihren Ansichten, ihren Erinnerungen vorzog.

Sophie lag auch nicht viel an Erinnerungen. Immer wenn die mit Eve gemeinsam verbrachte Vergangenheit zur Sprache kam – sogar jene Monate nach Philips Geburt, die Eve mit für die glücklichsten, schwersten, sinnerfülltesten und harmonischsten in ihrem Leben hielt –, nahm Sophies Gesicht einen Ausdruck von Ernst und Verschwiegenheit an, von geduldig zurückgehaltener Verdammung. Die Zeit noch davor, Sophies eigene Kindheit, war ein regelrechtes Minenfeld, wie Eve entdeckte, als sie über Philips Schule redeten. Sophie fand sie ein wenig zu streng, und Ian fand sie gerade richtig.

»Welch ein Gegensatz zur Amsel«, sagte Eve, und Sophie sagte sofort, fast bösartig: »Ach, die Amsel. Ein schlechter Witz. Wenn ich daran denke, dass du dafür Schulgeld bezahlt hast. Du hast dafür Geld ausgegeben.«

Die Amsel war eine alternative Schule ohne Zensuren, die Sophie besucht hatte (der Name kam von dem Lied »Alle Vögel sind schon da«). Sie hatte Eve mehr gekostet, als sie sich leisten konnte, aber sie fand diese Schule besser für ein Kind, dessen Mutter sich als Schauspielerin durchschlug und dessen Vater nicht in Erscheinung trat. Als Sophie neun oder zehn Jahre alt war, hatte sich die Schule aufgrund von Meinungsverschiedenheiten unter den Eltern aufgelöst.

»Ich habe griechische Sagen gelernt und wusste nicht, wo Griechenland liegt«, sagte Sophie. »Ich wusste nicht mal, was das ist. Im Kunstunterricht mussten wir Schilder gegen Atomwaffen malen.«

Eve sagte: »Also das glaube ich nicht.«

»Doch. Und sie haben uns regelrecht dazu vergattert, jawohl, dazu vergattert, über Sex zu reden. Das war verbale Belästigung. Und dafür hast du Geld ausgegeben.«

»Ich wusste nicht, dass es so schlimm war.«

»Was soll's«, sagte Sophie. »Ich hab's überlebt.«

»Das ist die Hauptsache«, sagte Eve unsicher. »Überleben.«

Sophies Vater kam aus Kerala, im Süden von Indien. Eve hatte ihn in einem Zug von Vancouver nach Toronto kennengelernt und die ganze Fahrt mit ihm verbracht. Er war ein junger Arzt, der in Kanada mit einem Stipendium studierte. Er hatte schon eine Frau und eine kleine Tochter, zu Hause in Indien.

Die Zugfahrt dauerte drei Tage. In Calgary gab es einen halbstündigen Aufenthalt. Eve und der Arzt rannten herum und suchten einen Drugstore, wo sie Kondome kaufen konnten. Sie fanden keinen. Als sie in Winnipeg ankamen, wo der Zug eine ganze Stunde lang hielt, war es zu spät. Wahrscheinlich – sagte Eve, wenn sie die Geschichte erzählte – war es bereits zu spät, als sie die Stadtgrenze von Calgary erreichten.

Er reiste in einem normalen Abteil – das Stipendium war nicht üppig. Eve hatte geprasst und sich ein Schlafwagenabteil Erster Klasse geleistet. Es war dieser Luxus – eine Entscheidung, die sie in letzter Minute getroffen hatte –, es waren der Komfort und die Ungestörtheit des Einbettabteils, die, sagte Eve, verantwortlich waren für Sophies Existenz und die größte Veränderung in ihrem Leben. Dies und die Tatsache, dass es nirgendwo beim Bahnhof von Calgary Kondome zu kaufen gab, weder für Geld noch für gute Worte.

In Toronto winkte sie ihrem Liebhaber aus Kerala zum Abschied zu, wie man irgendeiner Reisebekanntschaft zuwinkt, denn sie wurde dort von dem Mann abgeholt, der zu der Zeit in ihrem Leben die Hauptrolle spielte und ihr größtes Problem war. Die gesamten drei Tage waren vom Schaukeln und Schwanken des Zuges begleitet worden – die Bewegungen der Liebenden waren nie nur das, was sie selbst zustandebrachten, und schienen vielleicht aus diesem Grund unschuldig, unwiderstehlich zu sein. Ihre Gefühle und Gespräche mussten auch davon beeinflusst worden sein. Eve erinnerte sie als sanft und hochherzig, nie ernst oder verbissen. Es wäre auch schwergefallen, ernst zu bleiben, wenn man mit der Enge und den Ecken und Kanten eines Einbettabteils zu kämpfen hatte.

Sie nannte Sophie seinen Vornamen – Thomas,

nach dem Heiligen. Eve hatte, bevor sie ihn kennenlernte, nie davon gehört, dass es in Südindien von alters her Christen gab. Mit fünfzehn, sechzehn interessierte sich Sophie eine Weile lang für Kerala. Sie holte sich Bücher aus der Stadtbücherei und gewöhnte sich an, im Sari auf Partys zu gehen. Sie redete davon, später, wenn sie älter war, ihren Vater aufzusuchen. Die Tatsache, dass sie seinen Vornamen und sein Spezialgebiet – Blutkrankheiten – wusste, schien ihr dafür ausreichend. Eve betonte ihr gegenüber den Bevölkerungsreichtum Indiens und die Möglichkeit, dass er nicht dort geblieben war. Sie brachte es jedoch nicht übers Herz, ihr zu erklären, wie zufällig, wie nahezu unvorstellbar Sophies Existenz im Leben ihres Vaters sein musste. Zum Glück verblasste die Idee, und Sophie gab es auf, einen Sari zu tragen, als solche theatralischen ethnischen Kostüme zu sehr in Mode gerieten. Sie sprach nie mehr von ihrem Vater, nur noch einmal in Anspielungen, als sie mit Philip schwanger war und Witze darüber machte, wie sie die Familientradition der kometenhaft auftauchenden und verschwindenden Väter aufrechterhielt.

Jetzt nichts mehr von solchen Witzen. Sophie war stattlich, fraulich, würdevoll und zurückhaltend geworden. Es hatte einen Augenblick gegeben – sie waren auf dem Weg durch den Wald zum Strand, und

Sophie hatte sich gebückt, um Daisy auf den Arm zu nehmen, damit sie schneller aus der Reichweite der Mücken gelangten –, da war Eve tief beeindruckt gewesen von der neuen, späten Schönheit ihrer Tochter. Eine füllige, gelassene, klassische Schönheit, nicht durch Pflege und Eitelkeit hervorgerufen, sondern durch Selbstvergessenheit und Pflichterfüllung. Sie sah jetzt indischer aus, ihre Milchkaffeehaut war unter der kalifornischen Sonne nachgedunkelt, und unter den Augen trug sie die violetten Halbmonde ständiger leichter Übermüdung.

Aber sie war immer noch eine kräftige Schwimmerin. Schwimmen war der einzige Sport, den sie je gemocht hatte, und sie schwamm so gut wie immer, strebte offenbar bis in die Mitte des Sees. Am ersten Tag, an dem sie das getan hatte, sagte sie: »Das war wundervoll. Ich habe mich so frei gefühlt.« Sie sagte nicht, sie habe sich so gefühlt, weil Eve auf die Kinder aufpasste, aber Eve verstand, dass das nicht gesagt zu werden brauchte. »Das freut mich«, sagte sie – obwohl sie in Wirklichkeit Angst gehabt hatte. Mehrere Male hatte sie gedacht: Dreh jetzt um, doch Sophie war weitergeschwommen, ohne die dringende telepathische Botschaft zu beachten. Ihr dunkler Kopf wurde ein Fleck, dann ein Pünktchen, dann ein Trugbild, das auf den gleichmäßigen Wellen tanzte. Was Eve befürchtete und woran sie nicht zu denken wagte, war nicht das Versiegen ihrer Kraft, sondern ihres Wunsches, zurückzukehren. Als könnte dieser neuen Sophie, dieser erwachsenen Frau, das Leben, an das sie so gefesselt war, in Wahrheit gleichgültiger sein als dem Mädchen, das Eve gekannt hatte, der jungen Sophie mit ihren zahlreichen Wagnissen und Liebesabenteuern und Dramen.

»Wir müssen den Film in den Laden zurückbringen«, sagte Eve zu Philip. »Vielleicht sollten wir das tun, bevor wir an den Strand gehen.«

Philip sagte: »Den Strand hab ich satt.«

Eve war nicht danach zumute, ihm zu widersprechen. Da Sophie fort war, da alle Pläne geändert waren, sodass sie abreisten, alle noch am selben Tag abreisten, hatte sie den Strand auch satt. Und das Haus dazu – jetzt konnte sie sich nur noch vorstellen, wie dieses Zimmer morgen aussehen würde. Die Buntstifte, die Spielzeugautos, die großen Teile von Daisys einfachem Puzzle, alle aufgesammelt und weg. Die Märchenbücher, die sie auswendig kannte, fort. Keine Bettwäsche mehr, die draußen vor dem Fenster trocknete. Achtzehn Tage, die noch vor ihr lagen, ganz allein in diesem Haus.

»Wie wär's, wenn wir heute woandershin fahren?«, fragte sie.

Philip fragte: »Wo ist woanders?«

»Das wird eine Überraschung.«

Eve war am Tag zuvor mit Vorräten beladen nach Hause gekommen. Frische Shrimps für Sophie – der Dorfladen hatte sich inzwischen zu einem erstklassigen Supermarkt gemausert, man bekam fast alles –, Kaffee, Wein, Roggenbrot ohne Kümmel, denn Philip konnte Kümmel nicht ausstehen, eine reife Melone, die dunklen Kirschen, die sie alle liebten, obwohl man bei Daisy mit den Kernen aufpassen musste, eine Großpackung Mokkasahneeiscreme und alle sonstigen Lebensmittel, die sie brauchten, um eine Woche lang auszukommen.

Sophie wusch gerade das Geschirr vom Mittagessen der Kinder ab. »Um Himmels willen«, rief sie aus. »Was sollen wir bloß mit dem ganzen Zeug?«

Ian hatte angerufen, sagte sie. Ian hatte angerufen und gesagt, dass er morgen nach Toronto flog. Die Arbeit an seinem Buch war schneller als erwartet vorangegangen; er hatte seine Pläne geändert. Statt zu warten, bis die drei Wochen um waren, kam er morgen, um Sophie und die Kinder abzuholen und mit ihnen eine kleine Reise zu machen. Er wollte nach Quebec City. Er war noch nie dort gewesen, und er fand, die Kinder sollten den Teil von Kanada sehen, in dem Französisch gesprochen wurde.

»Er hat sich gesehnt«, sagte Philip.

Sophie lachte. »Ja. Er hat sich nach uns gesehnt.«

Zwölf Tage, dachte Eve. Zwölf Tage waren von den drei Wochen vergangen. Sie hatte das Haus für einen

Monat mieten müssen. Die Wohnung hatte sie ihrem Freund Dev überlassen. Er war ebenfalls ein arbeitsloser Schauspieler und befand sich in solchen echten oder eingebildeten Finanznöten, dass er sich am Telefon mit verstellter Stimme meldete. Sie hatte Dev gern, aber sie konnte nicht zurück und die Wohnung mit ihm teilen.

Sophie sagte, sie wollten mit einem Mietwagen nach Quebec fahren und dann direkt zum Flughafen von Toronto, wo das Auto abgegeben werden konnte.

Kein Wort davon, dass Eve mitkam. Im Mietwagen war nicht genug Platz. Aber hätte sie nicht ihr eigenes Auto nehmen können? In dem vielleicht Philip mitfuhr, damit sie Gesellschaft hatte. Oder Sophie. Ian konnte die Kinder nehmen, wenn er sich so nach ihnen sehnte, und Sophie eine Pause gönnen. Eve und Sophie konnten zusammen fahren, wie früher im Sommer, wenn sie zu einer ihnen beiden unbekannten Stadt unterwegs waren, in der Eve ein Engagement bekommen hatte.

Ach – lächerlich. Eves Auto war neun Jahre alt und längst nicht zuverlässig genug für eine lange Fahrt. Und es war Sophie, nach der sich Ian sehnte – das war Sophies warmem, abgewandtem Gesicht anzumerken. Außerdem war Eve nicht eingeladen worden.

»Aber das ist ja wunderbar«, sagte Eve. »Dass er so gut mit seinem Buch vorangekommen ist.«

»Doch«, sagte Sophie. Sie gab sich immer etwas

sorgfältig Distanziertes, wenn sie von Ians Buch redete, und als Eve sie fragte, worüber es war, sagte sie nur: »Stadtgeographie.« Vielleicht entsprach das dem Verhalten akademischer Ehefrauen – Eve hatte nie welche gekannt.

»Jedenfalls hast du dann ein bisschen Zeit für dich allein«, sagte Sophie. »Nach dem ganzen Zirkus. Du wirst herausfinden, ob du wirklich ein Häuschen auf dem Land haben willst. Ein Refugium.«

Eve musste auf etwas anderes zu sprechen kommen, irgendetwas, damit sie nicht mit der Frage herausplatzte, ob Sophie immer noch daran dachte, im nächsten Sommer wiederzukommen.

»Ich hatte mal einen Freund, der eins von den richtigen Refugien aufgesucht hat«, sagte sie. »Er ist Buddhist. Nein, vielleicht ein Hindu. Kein richtiger Inder.« (Bei der Erwähnung von Indern lächelte Sophie in einer Weise, die besagte, dass dies ein weiteres Thema war, das nicht vertieft zu werden brauchte.) »Jedenfalls durfte man in diesem Refugium drei Monate lang nicht sprechen. Man war ständig von anderen Menschen umgeben, aber man durfte nicht mit ihnen sprechen. Und er erzählte, eins der Dinge, die oft passierten und vor denen sie gewarnt wurden, war, dass man sich in einen dieser Menschen, mit denen man nie ein Wort wechselte, verliebte. Man hatte das Gefühl, in ganz besonderer Weise mit ihnen zu kommunizieren, wenn man nicht reden durfte. Natürlich war es eine Art geistiger Liebe, denn man konnte nichts tun. In der Hinsicht waren sie sehr strikt. Sagte er jedenfalls.«

Sophie fragte: »Und? Was ist passiert, als sie schließlich reden durften?«

»Es war eine Riesenenttäuschung. Meistens hatte die Person, mit der du zu kommunizieren gemeint hattest, gar nicht mit dir kommuniziert. Vielleicht hatte die gemeint, mit ganz jemand anders zu kommunizieren, und der wiederum meinte –«

Sophie lachte vor Erleichterung. Sie sagte: »So kann's gehen.« Froh, dass Eve offenbar nicht schmollte, es ihr nicht übel nahm.

Vielleicht hatten sie Streit, dachte Eve. Dieser ganze Besuch konnte Taktik gewesen sein. Sophie konnte mit den Kindern weggefahren sein, um ihm etwas zu zeigen. Sich mit ihrer Mutter verabredet haben, nur um ihm etwas zu zeigen. Künftige Ferien ohne ihn planen, um sich zu beweisen, dass sie zurechtkam. Ein Ablenkungsmanöver.

Und die brennende Frage war: Wer hatte wen angerufen?

»Warum lässt du die Kinder nicht hier?«, sagte sie. »Nur, während du zum Flughafen fährst? Dann kommt ihr zurück und holt sie ab und fahrt los. Du hättest ein bisschen Zeit für dich allein und ein bisschen Zeit allein mit Ian. Das ist doch nervig mit den Kindern auf dem Flughafen.«

Sophie sagte: »Klingt verlockend.«

Also machten sie es schließlich so.

Jetzt musste Eve sich fragen, ob sie selbst die kleine Änderung eingefädelt hatte, nur um mit Philip reden zu können.

(War das nicht eine große Überraschung, als dein Dad aus Kalifornien angerufen hat?

Er hat nicht angerufen. Meine Mom hat ihn angerufen.

Ach, wirklich? Das wusste ich gar nicht. Was hat sie denn gesagt?

Sie hat gesagt: »Ich halt's hier nicht mehr aus, ich hab's satt, Lass uns was überlegen, wie ich hier weg-komme.«)

Eve senkte ihre Stimme zu sachlicher Lautstärke, um eine Unterbrechung im Spiel anzuzeigen. Sie sagte: »Philip. Philip, hör mal zu. Ich glaube, wir müssen damit aufhören. Dieser Laster gehört bloß einem Farmer, der hier irgendwo zu Hause ist, und wir können ihn nicht weiter verfolgen.«

»Doch, können wir«, sagte Philip.

»Nein, können wir nicht. Die werden wissen wollen, was wir da zu suchen haben. Vielleicht werden sie sehr böse.«

»Dann rufen wir unsere Hubschrauber, sie sollen kommen und die erschießen.«

»Sei nicht albern. Du weißt, das ist nur ein Spiel.«

»Sie werden die erschießen.«

»Ich glaube nicht, dass sie Waffen haben«, sagte Eve und versuchte es anders. »Sie haben keine Waffen entwickelt, die Aliens vernichten können.«

Philip sagte: »Das stimmt nicht«, und begann mit einer Beschreibung bestimmter Raketen, der Eve nicht zuhörte.

Als sie in ihrer Kindheit mit ihrem Bruder und ihren Eltern die Ferien in dem kleinen Ort verbrachte, war Eve manchmal mit ihrer Mutter aufs Land gefahren. Sie hatten kein Auto – es herrschte Krieg, und sie waren mit der Eisenbahn hergekommen. Die Frau, die das Hotel leitete, war mit Eves Mutter befreundet, und so wurden sie oft eingeladen mitzukommen, wenn sie aufs Land fuhr, um Mais oder Himbeeren oder Tomaten zu kaufen. Manchmal hielten sie an, um Tee zu trinken und sich das alte Geschirr und die Möbelstücke anzuschauen, die eine geschäftstüchtige Farmersfrau in ihrer guten Stube feilbot. Eves Vater zog es vor, dazubleiben und mit anderen Männern am Strand Dame zu spielen. Es gab da ein großes Betongeviert mit aufgemaltem Damebrett, von einem Dach geschützt, aber ohne umgebende Wände, und dort schoben die Männer sogar im Regen überdimensionale Damesteine mit langen Stangen gemächlich umher. Eves Bruder schaute ihnen zu und ging unbeaufsichtigt schwimmen – er war älter.

Das alles war inzwischen verschwunden – sogar die Betonplatte war fort, oder etwas anderes war darauf errichtet worden. Das Hotel mit seinen Veranden, die sich über den Sand erstreckten, war verschwunden, auch der Bahnhof mit seinen Blumenrabatten, die den Namen des Ortes buchstabierten. Ebenso die Eisenbahngleise. Stattdessen gab es ein auf alt getrimmtes Einkaufszentrum mit dem erfreulichen neuen Supermarkt und dem Weinladen und Boutiquen mit Freizeitkleidung und nostalgischen Handwerkserzeugnissen.

Als sie noch ganz klein war und eine große Haarschleife auf dem Kopf trug, liebte Eve diese Ausflüge aufs Land. Sie aß kleine Marmeladentörtchen und Kuchenstücke, deren Glasur oben fest und darunter weich war, gekrönt von einer blutenden Maraschinokirsche. Sie durfte das Geschirr oder die Nadelkissen aus Satin und Spitzen oder die verblichenen alten Puppen nicht anfassen, und die Gespräche der Frauen, die etwas leicht Bedrückendes hatten, gingen über ihren Kopf hinweg wie die unvermeidlichen Wolken. Aber sie genoss die Fahrten auf dem Rücksitz und stellte sich dabei vor, auf einem Pferd oder in einer königlichen Kutsche zu sitzen. Später weigerte sie sich mitzukommen. Sie begann es zu hassen, hinter ihrer Mutter herzuzockeln und als die Tochter ihrer Mutter vorgestellt zu werden. Meine Tochter Eve. Wie genüsslich herablassend, wie zu Unrecht besitzergreifend diese Stimme in ihren Ohren klang. (Später sollte sie diese Stimme oder eine Spielart davon als Grundton bei ihren überzogensten Chargen einsetzen.) Sie verabscheute auch die Gewohnheit ihrer Mutter, sich fein zu machen und auf dem Land große Hüte und Handschuhe zu tragen und hauchzarte Kleider, auf denen erhabene Blumen waren, wie Warzen. Die flachen Schnürschuhe dagegen – sie wurden den Hühneraugen ihrer Mutter zuliebe getragen – wirkten peinlich plump und ärmlich.

»Was hast du an deiner Mutter am meisten gehasst?«, war ein Spiel, das Eve in den ersten Jahren nach ihrer Nestflucht mit ihren Freundinnen spielte.

»Korsetts«, sagte ein Mädchen, und ein anderes sagte: »Nasse Schürzen.«

Haarnetze. Wabbelige Arme. Bibelzitate. »Danny Boy.«

Eve sagte immer: »Ihre Hühneraugen.«

Sie hatte bis vor kurzem dieses Spiel völlig vergessen. Daran jetzt zu denken war, als berührte sie einen schlimmen Zahn.

Der Pick-up vor ihnen verlangsamte die Fahrt und bog ohne abzuwinken in einen langen, baumgesäumten Feldweg. Eve sagte: »Ich kann ihm nicht weiter folgen, Philip«, und fuhr weiter geradeaus. Aber als sie an dem Feldweg vorbeikam, fielen ihr die Torpfosten auf. Sie waren ungewöhnlich, Minaretten nachgebildet und geschmückt mit weißgekalkten

Kieseln und bunten Glasscherben. Keiner von beiden war gerade, und sie standen halb versteckt unter Goldrute und wilder Möhre, sodass sie die Funktion von Torpfosten eingebüßt hatten und vielmehr aussahen wie vergessene Versatzstücke einer Ausstattungsoperette. Sowie Eve sie erblickte, erinnerte sie sich an etwas anderes – eine weißgekalkte Mauer im Freien, in die Bilder eingelassen waren. Bilder mit steifen, phantastischen, kindlichen Szenen. Kirchen mit Kirchtürmen, Burgen mit Wehrtürmen, quadratische Häuser mit quadratischen, schiefen gelben Fenstern. Dreieckige Weihnachtsbäume und tropische bunte Vögel, halb so groß wie die Bäume, ein fettleibiges Pferd mit spindeldürren Beinen und brennend roten Augen, schlängelnde blaue Flüsse wie aus Bändern, ein Mond und betrunkene Sterne und Sonnenblumen, die ihre prallen Köpfe über Hausdächer neigten. All das aus bunten, in Beton oder Gips eingelassenen Glasscherben. Sie hatte das gesehen, und es war nicht an einem öffentlichen Ort. Es war draußen auf dem Land, und sie war mit ihrer Mutter dort gewesen. Die Gestalt ihrer Mutter ragte vor der Wand auf – sie redete mit einem alten Farmer. Er mochte kaum älter gewesen sein als ihre Mutter, aber für Eve sah er alt aus.

Ihre Mutter und die Hotelfrau unternahmen auf diesen Ausflügen oft auch Fahrten, um sich merkwürdige Dinge anzusehen, nicht nur alte Möbel und

Gerätschaften. So waren sie gefahren, um einen bärenförmig gestutzten Strauch zu sehen und einen Obstgarten mit Zwergapfelbäumen.

Eve erinnerte sich überhaupt nicht an die Torpfosten, hatte aber den Eindruck, dass sie nirgendwo anders hingehören konnten. Sie wendete und bog in den schmalen Weg unter den Bäumen. Die Bäume waren stämmige alte Kiefern, wahrscheinlich gefährlich – man sah halbtote Äste baumeln, und Äste, die schon heruntergeweht worden waren, lagen im Gras und im Unkraut zu beiden Seiten des Wegs. Das Auto rumpelte über die holperige Fahrspur, und das Geschaukel gefiel Daisy offenbar. Sie machte Begleitgeräusche. *Hoppa, hoppa, hoppa.*

Etwas – oder auch alles, was Daisy vielleicht von diesem Tag in Erinnerung blieb. Die knorrigen Bäume, die plötzlichen Schatten, die interessante Bewegung des Autos. Vielleicht die weißen Gesichter der wilden Möhre, die die Fenster streiften. Das Gefühl von Philip neben ihr – seine unbegreifliche, ernste Anspannung, das Gellen seiner unnatürlich beherrschten Kinderstimme. Ein wesentlich vageres Gefühl von Eve – bloße, sommersprossige, sonnenverrunzelte Arme, graublonde, von einem schwarzen Haarband gezähmte krause Locken. Vielleicht ein Geruch. Nicht mehr nach Zigaretten oder nach den aufdringlichen Cremes und Kosmetika, für die Eve früher so viel Geld ausgegeben hatte. Alte Haut?

Knoblauch? Wein? Mundwasser? Eve konnte schon tot sein, wenn Daisy sich an diesen Tag erinnerte. Daisy und Philip konnten sich entfremdet haben. Eve hatte mit ihrem eigenen Bruder seit drei Jahren nicht mehr gesprochen. Nicht, seitdem er am Telefon zu ihr gesagt hatte: »Du hättest nicht Schauspielerin werden sollen, wenn du nicht das Zeug dazu hast, erfolgreich zu sein.«

Von dem Haus vor ihnen war nichts zu sehen, aber durch eine Lücke zwischen den Bäumen ragte das Skelett einer Scheune auf, ohne Wände, die Balken trugen ein Dach, das noch ganz war, sich aber zu einer Seite neigte wie ein komischer Hut. Teile von Landwirtschaftsmaschinen, alten Autos oder Nutzfahrzeugen schienen rings verstreut zu liegen in dem Meer blühenden Unkrauts. Eve hatte nicht viel Zeit, um hinzuschauen – sie hatte auf dem unebenen Weg alle Hände voll mit dem Auto zu tun. Der grüne Pick-up vor ihr war verschwunden – wie weit konnte er gefahren sein? Dann sah sie, dass der Weg eine Biegung nahm. Die Biegung kam, sie verließen den Schatten der Kiefern und waren im Sonnenlicht. Derselbe Meerschaum wilder Möhren, derselbe Eindruck von rings verstreutem, rostendem Schrott. Eine hohe wilde Hecke auf einer Seite, und dahinter endlich das Haus. Ein großes Haus, zwei Geschosse aus gelblich grauen Ziegeln, ein Dachgeschoss aus Holz, die Mansardenfenster mit schmutzigem

Schaumgummi zugestopft. Eins der unteren Fenster leuchtete silbrig, von innen mit Aluminiumfolie verkleidet.

Eve war auf der falschen Farm gelandet. An dieses Haus konnte sie sich nicht erinnern. Hier stand keine Mauer um eine Wiese. Schösslinge wuchsen ungehemmt im wuchernden Unkraut.

Der Pick-up stand vor ihr auf dem Weg. Und dahinter sah sie eine kiesbedeckte Freifläche, auf der sie hätten wenden können. Aber sie kam nicht an dem anderen Wagen vorbei. Sie musste auch anhalten. Sie überlegte, ob der Mann seinen Wagen absichtlich so hingestellt hatte, damit sie die Situation erklären musste. Er stieg jetzt gemächlich aus. Ohne sie anzuschauen ließ er den Hund von der Ladefläche, der dort hin- und hergerannt war und voll wütendem Eifer gebellt hatte. Sobald er heruntergesprungen war, bellte er weiter, wich dem Mann aber nicht von der Seite. Der Mann trug eine Mütze, die sein Gesicht verschattete, sodass Eve nichts daraus ablesen konnte. Er stand neben seinem Wagen und sah zu ihnen herüber, machte aber keine Anstalten, näher zu kommen.

Eve öffnete ihren Gurt.

»Steig nicht aus«, sagte Philip. »Bleib im Auto. Dreh um. Fahr weg.«

»Das kann ich nicht«, sagte Eve. »Schon gut. Der Hund ist nur ein Kläffer, der tut mir nichts.«

»Steig nicht aus.«

Sie hätte nicht zulassen dürfen, dass das Spiel so außer Rand und Band geriet. Ein Kind in Philips Alter konnte sich zu sehr hineinsteigern. »Das gehört nicht mehr zum Spiel«, sagte sie. »Das ist bloß ein Mann.«

»Ich weiß«, sagte Philip. »Aber *steig nicht aus.*«

»Hör auf«, sagte Eve und stieg aus und schlug die Tür zu.

»Hallo«, sagte sie. »Tut mir leid. Ich habe mich geirrt. Ich habe das hier mit einer anderen Farm verwechselt.«

Der Mann sagte etwas wie »Ho«.

»Ich war eigentlich auf der Suche nach einer anderen Farm«, sagte Eve. »Einer Farm, wo ich mal als kleines Mädchen gewesen bin. Da stand eine Mauer mit Bildern aus Glasscherben drauf. Eine weißgekalkte Betonmauer, glaube ich. Als ich die Säulen an der Straße sah, dachte ich, hier muss es sein. Sie haben bestimmt gedacht, wir verfolgen Sie. Klingt so unsinnig.«

Sie hörte die Autotür aufgehen. Philip stieg aus und zog Daisy hinter sich her. Eve dachte, er käme, um bei ihr zu sein, und streckte ihm einen Arm entgegen. Aber er ließ Daisy los und machte einen Bogen um Eve und sprach den Mann an. Er hatte sich aus seiner Angst von eben befreit und schien jetzt ruhiger als Eve zu sein.

»Ist Ihr Hund lieb?«, fragte er herausfordernd.

»Der tut dir nichts«, sagte der Mann. »Solange ich hier bin, macht der nichts. Der wird immer ganz wild, weil der ist noch ein Baby. Der ist eigentlich noch ein Baby.«

Er war ein kleiner Mann, nicht größer als Eve. Er hatte Jeans an und eine dieser offenen, bunten Westen, wie sie in Peru oder Guatemala gewebt werden. Goldketten und Medaillons glitzerten auf seiner unbehaarten, braungebrannten und muskulösen Brust. Beim Sprechen warf er den Kopf zurück, und Eve sah, dass sein Gesicht älter war als sein Körper. Einige Schneidezähne fehlten ihm.

»Wir wollten Sie nicht weiter behelligen«, sagte sie. »Philip, ich habe dem Mann gerade erzählt, wir sind diesen Feldweg entlanggefahren und haben eine Farm gesucht, wo ich mal als kleines Kind war, und da waren Bilder aus buntem Glas in eine Mauer eingelassen. Aber ich habe mich geirrt, hier ist es nicht.«

»Wie heißt er?«, fragte Philip.

»Trixie«, sagte der Mann, und sowie der Hund seinen Namen hörte, sprang er an dem Mann hoch und stupste seinen Arm. Der Mann schlug nach dem Hund. »Ich weiß von keinen Bildern. Ich wohne hier nicht. Harold, der muss das wissen.«

»Schon gut«, sagte Eve und nahm Daisy auf den Arm. »Wenn Sie nur ein Stück weiter vor fahren würden, dann kann ich wenden.«

»Ich weiß nichts von Bildern. Aber wenn die im vorderen Teil vom Haus waren, dann hätt ich die nie zu sehn gekriegt, weil Harold, der hat den vorderen Teil vom Haus dichtgemacht.«

»Nein, sie waren draußen«, sagte Eve. »Macht nichts. Das ist viele Jahre her.«

»Ja. Ja. Ja«, sagte der Mann, als fände er langsam Gefallen an der Unterhaltung. »Kommen Sie mit rein und fragen Sie Harold danach. Kennen Sie Harold? Dem gehört das hier. Eigentlich gehört's Mary, aber Harold hat sie ins Heim gesteckt, also gehört's jetzt ihm. War nicht seine Schuld, sie musste ins Heim.« Er beugte sich in den Wagen und holte zwei Kästen Bier heraus. »Ich musste nur eben in die Stadt, Harold hat mich in die Stadt geschickt. Gehn Sie vor. Gehn Sie rein. Harold wird sich freuen.«

»Hierher, Trixie«, sagte Philip streng.

Der Hund kam und umsprang sie jaulend, Daisy quiekte vor Angst und Vergnügen, und irgendwie waren sie alle auf dem Weg zum Haus, Eve mit Daisy auf dem Arm, während Philip und Trixie mehrere Erdbuckel hinaufwuselten, die einmal Stufen gewesen waren. Der Mann kam dicht hinter ihnen, er roch nach Bier, das er während der Fahrt getrunken haben musste.

»Machen Sie auf, gehn Sie rein«, sagte er. »Gehn Sie irgendwie durch. Macht Ihnen doch nichts aus, dass es hier ein bisschen unordentlich geworden ist?

Mary ist im Heim, keiner mehr da, um Ordnung zu halten wie früher.«

Das aufgetürmte Tohuwabohu, durch das sie sich einen Weg bahnen mussten, hatte ein Ausmaß, das zu seiner Entstehung Jahre benötigt. Die unterste Schicht bestand aus Stühlen und Tischen und Sofas und vielleicht ein oder zwei Öfen, darauf stapelten sich alte Bettdecken und Zeitungen und Rouleaus und tote Topfpflanzen und Holzreste und leere Flaschen und zerbrochene Lampen und Vorhangstangen, ragten an manchen Stellen bis zur Decke und sperrten nahezu alles Tageslicht aus. Um das wettzumachen, brannte eine Birne neben einer Zimmertür.

Der Mann setzte einen Bierkasten ab und machte die Tür auf und rief nach Harold. Es ließ sich schwer sagen, in welchem Zimmer sie sich jetzt befanden – es waren Küchenschränke da, denen die Türen fehlten, auf den Borden verloren sich ein paar Konservendosen, aber es standen auch zwei Pritschen mit kahlen Matratzen und zerwühlten Decken da. Die Fenster wurden so erfolgreich von Möbelstücken oder davorgehängten Tüchern verhüllt, dass sich nicht sagen ließ, wo sie waren, und es stank nach Trödel, nach verstopftem Ausguss oder auch nach verstopftem Klo, nach Essen und Bratfett und Zigaretten und Männerschweiß und Hundekot und verrottenden Küchenabfällen.

Niemand beantwortete die Rufe. Eve drehte sich um – hier war, im Gegensatz zur Diele, Platz dafür – und sagte: »Eigentlich sollten wir –«, aber Trixie kam ihr in den Weg, und der Mann drückte sich an ihr vorbei, um an eine weitere Tür zu hämmern.

»Da ist er«, sagte er – immer noch mit Stentorstimme, obwohl die Tür aufgegangen war. »Hier drin ist Harold.« Gleichzeitig stürzte Trixie vor, und ein anderer Mann sagte: »Verdammt. Schaff den Hund hier raus.«

»Die Dame hier will irgendwelche Bilder sehen«, sagte der kleine Mann. Trixie jaulte vor Schmerz auf – jemand hatte sie getreten. Eve blieb nichts anderes übrig, als in das Zimmer zu gehen.

Es war ein Esszimmer. Der schwere alte Esstisch und die soliden Stühle standen noch da. Drei Männer saßen am Tisch und spielten Karten. Der vierte Mann war aufgestanden, um den Hund zu treten. Die Temperatur in dem Zimmer betrug etwa zweiunddreißig Grad.

»Tür zu, es zieht«, sagte einer der Männer am Tisch.

Der kleine Mann zerrte Trixie unter dem Tisch hervor und warf sie ins vordere Zimmer, dann machte er hinter Eve und den Kindern die Tür zu.

»Verdammte Scheiße«, sagte der Mann, der aufgestanden war. Seine Brust und seine Arme waren so von Tätowierungen bedeckt, dass er violette oder bläuliche Haut zu haben schien. Er schüttelte einen Fuß, als täte er weh. Vielleicht hatte er auch ein Tischbein getroffen, als er nach Trixie trat.

Ein junger Mann mit spitzen, schmalen Schultern und zartem Hals saß mit dem Rücken zur Tür. Wenigstens hielt Eve ihn für jung, denn sein Haar war zu goldblond gefärbten Stacheln frisiert, und in den Ohren trug er goldene Ringe. Er drehte sich nicht um. Der Mann ihm gegenüber war so alt wie Eve und hatte einen kahlrasierten Schädel, einen gepflegten grauen Bart und blutunterlaufene blaue Augen. Er sah Eve ohne jede Freundlichkeit, aber doch mit einem gewissen Verständnis oder Begreifen an, und darin unterschied er sich von dem tätowierten Mann, der sie anstarrte, als wäre sie eine Art Halluzination, die man am besten ignorierte.

An der Schmalseite des Tisches, auf dem Stuhl des Gastgebers oder des Hausvaters, saß der Mann, der »Tür zu« befohlen hatte, aber weder aufblickte noch sonst irgend auf die Unterbrechung reagierte. Ein grobknochiger, dicker, blasser Mann mit schweißnassen braunen Locken, und so weit Eve erkennen konnte, vollkommen nackt. Der tätowierte Mann und der blonde Mann hatten Jeans an, und der graubärtige Mann trug Jeans und ein kariertes, bis zum Hals zugeknöpftes Hemd und eine schmale Krawatte. Auf dem Tisch standen Flaschen und Gläser. Der Mann auf dem Gastgeberstuhl – vermutlich Harold – und der graubärtige Mann tranken Whisky. Die anderen beiden tranken Bier.

»Ich hab ihr gesagt, vielleicht sind Bilder im Vorderhaus, aber da kann sie nicht rein, das hast du zugemacht«, sagte der kleine Mann.

Harold sagte: »Klappe.«

Eve sagte: »Es tut mir wirklich leid.« Ihr schien nichts übrigzubleiben als ihre Geschichte herunterzuspulen und sie noch zu erweitern, um ihre Aufenthalte in dem Ferienhotel als kleines Mädchen, die Fahrten mit ihrer Mutter, die Bilder in der Mauer, ihre Erinnerung daran heute, die Torpfosten, ihren offensichtlichen Irrtum, ihre Entschuldigung. Sie sprach direkt zu dem Graubart, da er der Einzige zu sein schien, der bereit war, ihr zuzuhören, oder fähig war, sie zu verstehen. Ihr Arm und ihre Schultern schmerzten von Daisys Gewicht und von der Spannung, die ihren ganzen Körper ergriffen hatte. Trotzdem dachte sie darüber nach, wie sie das alles beschreiben würde – sie würde sagen, es war, als sei sie unversehens mitten in ein Stück von Pinter geraten. Oder wie ihre schlimmsten Albträume von einem sturen, stummen, feindseligen Publikum.

Der Graubart sprach, als ihr nichts Liebenswürdiges oder Entschuldigendes mehr einfiel. Er sagte: »Ich weiß nicht. Sie müssen Harold fragen. He. He. Harold. Weißt du was von Bildern aus Glasscherben?«

»Sag ihr, als sie rumfuhr und sich Bilder ansah, war ich noch nicht mal geboren«, sagte Harold, ohne aufzuschauen.

»Sie haben kein Glück«, sagte der Graubart zu Eve.

Der tätowierte Mann pfiff. »He, du«, sagte er zu Philip. »He, Kleiner. Kannst du Klavier spielen?«

Hinter Harolds Stuhl stand ein Klavier. Es war kein Klavierhocker da – Harold selbst nahm fast den ganzen Platz zwischen dem Tisch und dem Klavier ein –, und unpassende Dinge wie Teller und Mäntel häuften sich auf dem Instrument wie auf jeder anderen Fläche im Haus.

»Nein«, sagte Eve rasch. »Nein, das kann er nicht.«

»Ich frage ihn«, sagte der tätowierte Mann. »Kannst du ein Lied spielen?«

Der Graubart sagte: »Lass ihn in Ruhe.«

»Ich frag ihn doch bloß, ob er ein Lied spielen kann, was soll damit sein?«

»Lass ihn in Ruhe.«

»Sehen Sie, ich kann nicht raus, bis jemand den Pick-up wegfährt«, sagte Eve.

Sie dachte: In diesem Zimmer riecht es nach Sperma.

Philip drückte sich stumm an sie.

»Wenn Sie nur ein Stück vor fahren könnten –«, sagte sie, drehte sich um und erwartete, den kleinen Mann hinter sich zu finden. Sie hielt inne, als sie sah, dass er nicht da war, er war gar nicht mehr im Zimmer, er hatte sich hinausgeschlichen, ohne dass sie es gemerkt hatte. Was, wenn er die Tür abgeschlossen hatte?

Sie packte den Türknopf, und er drehte sich, die Tür ging auf, ein bisschen schwer, und auf der anderen Seite krabbelte etwas. Der kleine Mann hatte hinter der Tür gehockt und gelauscht.

Eve ging hinaus, ohne ihn anzusprechen, durch die Küche, Philip trottete neben ihr her wie der folgsamste kleine Junge der Welt, auf dem schmalen Pfad durch die Diele, durch den Müll, und als sie an die frische Luft kamen, sog Eve sie gierig ein, denn sie hatte lange nicht mehr durchgeatmet.

»Sie müssen die Straße runterfahren und unten bei der Farm von Harolds Vetter fragen«, kam ihr die Stimme des kleinen Mannes hinterher. »Die haben es schön da. Die haben ein neues Haus, und die Frau sorgt für Ordnung. Die zeigen Ihnen Bilder und alles, was Sie wollen, die nehmen Sie gut auf. Die bieten Ihnen einen Stuhl an und setzen Ihnen was zu essen vor, die lassen keinen hungrig weggehen.«

Er konnte nicht die ganze Zeit hinter der Tür gehockt haben, denn er hatte den Wagen weggefahren. Oder jemand anders hatte es getan. Der Pick-up war verschwunden, vielleicht in einem Schuppen, jedenfalls war er nicht mehr zu sehen.

Eve kümmerte sich nicht um den kleinen Mann. Sie setzte Daisy ins Auto und schnallte sie an. Philip schnallte sich von allein an, ohne dazu ermahnt werden zu müssen. Trixie tauchte irgendwoher auf, lief traurig um das Auto und schnupperte an den Reifen.

Eve stieg ein und schlug die Tür zu, mit schweißnasser Hand griff sie nach dem Zündschlüssel. Das Auto sprang an, sie fuhr vor auf den Kies – den Platz, der von dichten Büschen umgeben war, Beerensträuchern, nahm sie an, und alten Fliedersträuchern und Unkraut. An manchen Stellen kümmerten die Büsche unter Haufen alter Reifen und Flaschen und Blechdosen. Es ließ sich schwer vorstellen, dass etwas aus dem Haus hinaus geworfen worden war, bei all dem, was sich darin stapelte, aber offenbar doch. Und als Eve wendete, sah sie an einer dieser Stellen Reste einer Mauer, an der noch Placken weißer Tünche klebten.

Sie meinte, buntglitzernde Glasscherben darin stecken zu sehen.

Sie bremste nicht, um genauer hinzuschauen. Sie hoffte, dass Philip nichts aufgefallen war – sonst wollte er vielleicht anhalten. Sie fuhr auf den Feldweg zu, vorbei an der lehmverkrusteten Treppe zum Haus. Der kleine Mann winkte von dort mit beiden Armen, und Trixie wedelte mit dem Schwanz, aufgescheucht aus ihrem verängstigten Gehorsam bellte sie zum Abschied und jagte ihnen ein Stück weit nach. Die Jagd war reine Formsache, sie hätte das Auto ohne weiteres einholen können, denn Eve musste stark abbremsen, sobald die Schlaglöcher einsetzten.

Sie fuhr so langsam, dass das, was nun geschah, keine besondere Geschicklichkeit erforderte: Eine Gestalt tauchte aus dem hohen Unkraut auf der Beifahrerseite des Autos auf und riss die Tür auf – die Eve unverriegelt gelassen hatte – und sprang ins Auto.

Es war der blonde Mann am Tisch, dessen Gesicht sie nicht gesehen hatte.

»Keine Angst. Keine Angst, Leute. Ich hab nur gedacht, ob ich nicht bei euch mitfahren kann, wenn's geht?«

Es war kein Mann oder Junge; es war ein Mädchen. Ein Mädchen, das jetzt ein dreckiges Unterhemd anhatte.

Eve sagte: »Doch, das geht.« Mit Mühe schaffte sie es, das Auto in der Fahrspur zu halten.

»Ich konnte Sie drüben im Haus nicht fragen«, sagte das Mädchen. »Ich bin ins Badezimmer gegangen und aus dem Fenster geklettert und hierhergerannt. Die haben wahrscheinlich noch gar nicht gecheckt, dass ich weg bin. Die sind voll breit.« Sie griff sich ein Stück von dem Unterhemd, das ihr viel zu groß war, und roch daran. »Stinkt«, sagte sie. »Ich hab mir das aus Harolds Klamotten im Badezimmer gegriffen. Stinkt.«

Eve verließ die Schlaglöcher, die Dunkelheit des

Feldwegs, und war wieder auf der regulären Straße. »Mann, bin ich froh, da raus zu sein«, sagte das Mädchen. »Ich hatte keine Ahnung, in was ich da reingeraten bin. Ich weiß nicht mal, wie ich da hingekommen bin, es war Nacht. Das war nichts für mich. Wissen Sie, was ich meine?«

»Die kamen mir alle ziemlich betrunken vor«, sagte Eve.

»Ja. Tut mir leid, wenn ich Sie erschreckt habe.«

»Schon gut.«

»Wenn ich nicht reinspringe, hab ich gedacht, hält die nicht für mich an. Oder hätten Sie?«

»Ich weiß nicht«, sagte Eve. »Wahrscheinlich schon, wenn ich gewusst hätte, dass Sie ein Mädchen sind. Ich habe Sie ja gar nicht richtig zu sehen bekommen.«

»Ja. Ich seh ja auch nicht gerade toll aus im Moment. Ich seh beschissen aus. Ich sage nicht, dass ich was gegen Feten habe. Ich bin gern auf Feten. Aber es gibt solche und solche, wissen Sie, was ich meine?«

Sie drehte sich um und sah Eve so unverwandt an, dass Eve für einen Moment die Straße aus den Augen lassen und ihren Blick erwidern musste. Und sie sah, dass das Mädchen wesentlich betrunkener war, als sie sich anhörte. Ihre dunkelbraunen Augen waren glasig, aber weit offen, rund vor Anstrengung, und sie hatten den flehentlichen und dabei fernen Ausdruck, den Augen Betrunkener annehmen, eine Art letztes, verzweifeltes Bemühen, anderen etwas vorzumachen. Ihre Haut war an manchen Stellen rotfleckig und an anderen aschfahl, ihr ganzes Gesicht gezeichnet von den Folgen einer gewaltigen Sauftour. Sie war von Natur aus brünett – die goldenen Stacheln waren absichtlich und herausfordernd dunkel an den Wurzeln – und eigentlich hübsch, wenn man ihre gegenwärtige Verdrecktheit außer Acht ließ, sodass man sich fragte, wie sie je an Harold und seine Spießgesellen geraten war. Ihre Lebensweise und der Stil der Zeit mussten sie fünfzehn oder zwanzig Pfunde ihres Normalgewichts gekostet haben – aber sie war nicht groß und eigentlich auch nicht knabenhaft. Ihrer Natur nach war sie ein knuddeliges, dralles Mädchen, ein herziges Dickerchen.

»Herb war bescheuert, Sie da so reinzubringen«, sagte sie. »Herb hat 'ne Schraube locker.«

Eve sagte: »Das dachte ich mir.«

»Ich weiß nicht, was er da macht, ich glaube, er arbeitet für Harold. Und Harold behandelt ihn wie Sau.«

Eve war fest davon überzeugt, keinerlei sexuelle Neigungen zu Frauen zu haben. Und dieses Mädchen in seinem verschmutzten und mitgenommenen Zustand war alles andere als attraktiv. Aber vielleicht hatte das Mädchen selbst ein anderes Bild von sich – war es gewohnt, auf alle attraktiv zu wirken. Jeden-

falls fuhr sie mit der Hand über Eves nackten Ober-
schenkel, bis knapp unter den Saum der Shorts, die
Eve trug. Es war eine routinierte Geste, bei aller Be-
trunkenheit. Gleich beim ersten Versuch voll zuzu-
greifen wäre zu viel gewesen. Eine routinierte, auto-
matisch aufreizende Geste, doch so bar aller echt
empfundenen, drängenden, zutraulichen Lust, dass
Eve spürte, die Hand hätte ebenso gut danebengrei-
fen und den Autositz streicheln können.

»Ich bin gut drauf«, sagte das Mädchen, und ihre
Stimme, gleich ihrer Hand, bemühte sich, zu Eve eine
neue Ebene der Vertraulichkeit herzustellen. »Du
weißt, was ich meine? Du verstehst mich, ja?«

»Natürlich«, sagte Eve nachdrücklich, und die
Hand verlor sich, nach erledigtem, müdem Huren-
gruß. Aber sie hatte ihre Wirkung nicht verfehlt –
nicht gänzlich. Fühllos und halbherzig, hatte sie dennoch vermocht, alte Reizbahnen zu wecken.

Und die Tatsache, dass diese Hand überhaupt eine
Wirkung auf sie ausübte, erfüllte Eve mit Schaudern,
warf auf alle brutalen und impulsiven ebenso wie auf
alle hoffnungsvollen und ernsten, mehr oder weniger
unbereuten Paarungen in ihrem Leben einen Schatten. Kein Aufflammen von Scham, kein Gefühl von
Sündhaftigkeit – nur einen schmutzigen Schatten.
Welch ein Witz auf ihre Kosten, wenn sie jetzt anfing,
sich nach einer reineren Vergangenheit und einer
weißeren Weste zu sehnen.

Aber es konnte gut sein, dass sie sich immer noch, ständig, nach Liebe sehnte.

Sie fragte: »Wohin wollen Sie?«

Das Mädchen wandte sich mit einem Ruck ab und sah auf die Straße. Sie sagte: »Wo fahren Sie hin? Wohnen Sie hier?« Der raunende Tonfall der Verführung war verschwunden, wie zweifellos nach jedem Geschlechtsakt, hatte sich in eine bösartig klingende Großmäuligkeit verwandelt.

»Durch den Ort fährt ein Bus«, sagte Eve. »Er hält an der Tankstelle. Ich habe das Schild gesehen.«

»Ja, aber da ist ein Problem«, sagte das Mädchen. »Ich hab kein Geld. Ich bin da nämlich so schnell abgehauen, dass ich gar nicht dazu gekommen bin, mein Geld zu holen. Was soll ich also in einen Bus einsteigen, ohne Geld?«

Ja nicht auf eine Drohung eingehen. Sag ihr, dass sie trampen kann, wenn sie kein Geld hat. Es war unwahrscheinlich, dass sie eine Pistole in den Jeans hatte. Sie wollte nur so klingen, als könnte sie eine haben.

Aber ein Messer?

Das Mädchen drehte sich zum ersten Mal zum Rücksitz um.

»Geht's euch gut da hinten?«, fragte sie.

Keine Antwort.

»Die sind süß«, sagte sie. »Haben die Angst vor Fremden?«

Wie dumm von Eve, an Sex zu denken, wenn die Wirklichkeit, die eigentliche Gefahr, ganz woanders war.

Eves Handtasche lag auf dem Boden des Autos vor den Füßen des Mädchens. Sie wusste nicht, wie viel Geld darin war. Sechzig, siebzig Dollar. Kaum mehr. Wenn sie Geld für eine Fahrkarte anbot, würde das Mädchen ein teures Fahrtziel nennen. Montreal. Oder mindestens Toronto. Wenn sie sagte: »Nehmen Sie alles, was da ist«, würde das Mädchen Kapitulation erkennen. Würde Eves Angst spüren und könnte versuchen, mehr zu erreichen. Was konnte das Mädchen im äußersten Fall tun? Das Auto stehlen? Wenn sie Eve und die Kinder am Straßenrand zurückließ, würde die Polizei ihr sehr bald auf den Fersen sein. Wenn sie sie tot in einem Dickicht zurückließ, konnte sie weiter kommen. Oder wenn sie sie mitnahm, solange sie sie brauchte, mit einem Messer an Eves Rippen oder der Kehle eines Kindes.

Solche Dinge passieren. Aber nicht so regelmäßig wie im Fernsehen oder im Kino. Solche Dinge passieren nicht oft.

Eve bog in die Landstraße ein, die relativ stark befahren war. Warum fühlte sie sich dadurch besser? Sicherheit dort war eine Illusion. Sie konnte mitten im Tagesverkehr auf dem Highway fahren und mit den Kindern zusammen den Tod finden.

Das Mädchen fragte: »Wohin führt diese Straße?«

»Zum Highway.«

»Fahren wir doch hin.«

»Dahin fahre ich sowieso«, sagte Eve.

»Wo geht der Highway hin?«

»Nach Norden zum Owen Sound oder rauf nach Tobermory, wo man die Fähre nehmen kann. Oder im Süden nach – ich weiß nicht. Aber er führt zu einem anderen Highway, auf dem man nach Sarnia kommt. Oder London. Oder Detroit oder Toronto, wenn man immer weiterfährt.«

Sie sagten nichts weiter, bis sie den Highway erreichten. Sobald Eve auf ihm fuhr, sagte sie: »Das ist er.«

»Wohin fahren Sie jetzt?«

»Nach Norden«, sagte Eve.

»Wohnen Sie da?« »Ich fahre in den Ort. Ich muss tanken.«

»Sie haben noch Benzin«, sagte das Mädchen. »Der Tank ist mehr als halb voll.«

Das war dumm. Eve hätte einkaufen sagen sollen.

Neben ihr stieß das Mädchen einen langen Seufzer der Entscheidung, vielleicht der Aufgabe aus.

»Wissen Sie«, sagte sie, »wissen Sie, ich kann auch hier aussteigen, wenn ich trampen will. Hier find ich genauso leicht was zum Mitfahren wie anderswo.«

Eve hielt auf dem Randstreifen. Erleichterung verwandelte sich in so etwas wie Scham. Wahrscheinlich stimmte es, dass das Mädchen weggelaufen war, ohne

Geld mitzunehmen, dass sie nichts hatte. Wie war es, betrunken, angeschlagen, ohne Geld an der Straße zu stehen?

»Wohin wollen Sie noch mal?«

»Nach Norden«, antwortete Eve ihr wieder.

»Wo lang geht's noch mal nach Sarnia?«

»Nach Süden. Sie brauchen nur die Straße zu überqueren, dann fahren die Autos nach Süden. Passen Sie auf den Verkehr auf.«

»Klar«, sagte das Mädchen. Ihre Stimme klang schon fern; sie rechnete sich neue Chancen aus. Sie war schon halb ausgestiegen, als sie sagte: »Bis dann.« Und zum Rücksitz: »Bis dann, Jungs. Seid brav.«

»Warten Sie«, sagte Eve. Sie beugte sich vor, tastete in ihrer Handtasche nach ihrem Portemonnaie und holte einen Zwanzigdollarschein heraus. Sie stieg aus dem Auto und ging zu dem wartenden Mädchen herum. »Hier«, sagte sie. »Das wird Ihnen helfen.«

»Ja. Danke«, sagte das Mädchen und stopfte den Schein in die Tasche, den Blick auf die Straße gerichtet.

»Hören Sie«, sagte Eve. »Für den Fall, dass Sie nicht wissen, wohin, sage ich Ihnen, wo mein Haus ist. Es ist ungefähr drei Kilometer nördlich vom Ort, und der Ort ist ungefähr einen Kilometer nördlich von hier. Nördlich. Hier lang. Jetzt ist meine Familie da, aber bis zum Abend müsste sie weg sein, falls Sie das stört. Auf meinem Briefkasten steht der Name Ford. Das ist nicht mein Name, ich weiß nicht, warum er da steht. Das Haus steht völlig frei mitten in einem Feld. Es hat ein normales Fenster auf der einen Seite von der Haustür und ein komisches kleines auf der anderen. Da ist das Badezimmer eingebaut worden.«

»Ja«, sagte das Mädchen.

»Ich dachte nur, falls Sie keine Mitfahrgelegenheit kriegen –«

»Gut«, sagte das Mädchen. »Alles klar.«

Als sie wieder fuhren, sagte Philip: »Igitt. Die stank nach Kotze.«

Ein bisschen später sagte er: »Die wusste nicht mal, dass sie für die Himmelsrichtung zur Sonne kucken muss. Die war doof. Nicht?«

»Ich glaub schon«, sagte Eve.

»Igitt. Ich hab noch nie jemand gesehen, der so doof ist.«

Als sie durch den Ort fuhren, fragte er, ob sie für Eistüten halten konnten. Eve sagte nein.

»Es halten so viele Leute für ein Eis, dass es schwer ist, einen Parkplatz zu finden«, sagte sie. »Außerdem haben wir genug Eis zu Hause.«

»Du sollst nicht ›zu Hause‹ sagen«, sagte Philip. »Wir sind da nur kurz. Du sollst ›im Haus‹ sagen.«

Die großen Heurollen auf einem Feld östlich vom Highway lagen mit der runden Seite zur Sonne, so fest gestopft, dass sie aussahen wie Schilde oder Gongs oder aztekische Metallgesichter. Dahinter lag ein Feld mit blassen, weichen goldenen Borsten oder Federn.

»Das heißt Gerste, das goldene Getreide mit den langen Borsten«, sagte sie zu Philip.

Er sagte: »Ich weiß.«

»Die Borsten werden manchmal Grannen genannt.« Sie fing an aufzusagen: »›Aber Schnitter, früh am Werke, in der grannenborstgen Gerste –‹«

Daisy fragte: »Was heißt ›Werste‹?«

Philip sagte: »Ger-ste.«

»›Nur die Schnitter, früh am Werke‹«, sagte Eve und versuchte, sich zu erinnern. »›Einzig Schnitter, früh am Werke –‹« »Einzig« klang am besten. Einzig Schnitter.

Sophie und Ian hatten bei einem Stand an der Straße Mais gekauft. Zum Abendbrot. Die Pläne hatten sich geändert – sie fuhren erst am nächsten Morgen ab. Und sie hatten eine Flasche Gin gekauft und Tonic und Limonen. Ian mixte die Drinks, während Eve und Sophie die Hüllblätter von den Kolben entfernten. Eve sagte: »Zwei Dutzend. Das ist Wahnsinn.«

»Wart's mal ab«, sagte Sophie. »Ian liebt Mais.«

Ian verbeugte sich, als er Eve ihr Glas kredenzte, und nachdem sie gekostet hatte, sagte sie: »Schmeckt himmlisch.«

Ian war ganz anders als in ihrer Erinnerung oder Vorstellung. Nicht hochgewachsen, teutonisch und humorlos. Sondern ein schlanker, blonder Mann mittlerer Größe, beweglich und umgänglich. Sophie wirkte unsicherer, zaghafter in allem, was sie sagte und tat, als in den Tagen zuvor. Aber auch glücklicher.

Eve erzählte ihre Geschichte. Sie begann mit dem Damebrett am Strand, dem verschwundenen Hotel, den Fahrten aufs Land. Die Erzählung enthielt den damenhaften Aufputz ihrer Mutter, ihre hauchzarten Kleider und farblich passenden Unterröcke, aber nicht die widerstrebenden Gefühle der kleinen Eve. Dann die Dinge, die sie ansehen fuhren – den Zwergobstgarten, das Bord mit alten Puppen, die wunderlichen Bilder aus bunten Glasscherben.

»Sie waren ein bisschen wie Chagall?«, sagte Eve.

Ian sagte: »Ja. Sogar wir Stadtgeographen kennen Chagall.«

Eve sagte: »Ver-zeihung.« Beide lachten.

Jetzt die Torpfosten, die plötzliche Erinnerung, der dunkle Feldweg mit der Scheunenruine und den verrosteten Gerätschaften, das Haus eine Müllhalde.

»Der Besitzer saß da und spielte mit seinen Freunden Karten«, sagte Eve. »Er wusste nichts davon. Wusste nichts oder scherte sich nicht drum. Mein Gott, es muss nahezu sechzig Jahre her sein, dass ich da war – denkt bloß mal.«

Sophie sagte: »Ach, Mom. Wie schade.« Sie glühte vor Erleichterung, dass Ian und Eve so gut miteinander auskamen.

»Bist du sicher, dass es überhaupt die richtige Farm war?«, fragte sie.

»Vielleicht nicht«, sagte Eve. »Vielleicht nicht.«

Sie mochte nicht den Mauerrest erwähnen, den sie hinter den Büschen gesehen hatte. Wozu auch, wenn es so viele andere Dinge gab, die sie lieber nicht erwähnte? Als Erstes das Spiel, zu dem sie Philip angestiftet hatte und in das er sich zu sehr hineingesteigert hatte. Und dann fast alles über Harold und seine Kumpane. Schließlich alles, aber auch wirklich alles über das Mädchen, das ins Auto gesprungen war.

Es gibt Menschen, die Rechtschaffenheit und Optimismus mit sich herumtragen, die jede Atmosphäre, in der sie sich aufhalten, zu reinigen scheinen, und solchen Menschen kann man nichts Schlimmes erzählen, es wäre zu zerstörerisch. Eve hatte den Eindruck, dass Ian trotz seiner derzeitigen Verbindlichkeit zu diesen Menschen gehörte, und dass Sophie sich glücklich pries, ihn gefunden zu haben. Früher waren es für gewöhnlich ältere Menschen, die diese Rücksicht von anderen forderten, aber mittlerweile schienen es in wachsendem Maße jüngere Menschen zu sein, und jemand wie Eve musste sich zusammennehmen, durfte nicht preisgeben, dass sie zwischen allen Stühlen saß. Denn ihr ganzes Leben ließ sich leicht als eine Art lotterhaftes Gestrampel sehen, von Grund auf falsch.

Sie durfte sagen, dass das Haus übel gerochen hatte und dass der Besitzer und seine Freunde insgesamt versoffen und verkommen gewirkt hatten, aber nicht, dass Harold nackt gewesen war, und auf keinen Fall, dass sie Angst gehabt hatte. Und schon gar nicht, wovor sie Angst gehabt hatte.

Philips Aufgabe war es, die Maishüllblätter aufzusammeln, hinauszutragen und an den Rand des Feldes zu werfen. Hin und wieder hob auch Daisy ein paar auf und brachte sie fort, um sie im Haus zu verteilen. Philip hatte Eves Geschichte nichts hinzugefügt und sich anscheinend für das, was sie erzählte, nicht interessiert. Aber sobald Eve damit fertig war und Ian (der diese Lokalanekdote mit seinen beruflichen Untersuchungen verbinden wollte) sie fragte, was sie über den Zerfall älterer Strukturen dörflichen und ländlichen Lebens wusste, über die Ausbreitung des sogenannten Agrobusiness, da sah Philip auf von seiner Bück- und Krabbelarbeit zu Füßen der Erwachsenen. Er sah Eve an. Ein leerer Blick, ein Moment verschwörerischer Ausdruckslosigkeit, eines verdeckten Lächelns, der vorüberging, bevor die Notwendigkeit entstand, darauf einzugehen.

Was bedeutete das? Nur, dass Philip mit der privaten Arbeit des heimlichen Hortens begonnen hatte, dabei selbst entschied, was wie bewahrt wurde und was diese Dinge für ihn bedeuten würden, in seiner unbekannten Zukunft.

Falls das Mädchen kam und sie suchte, würden alle noch hier sein. Dann war Eves Verschwiegenheit ganz umsonst gewesen.

Das Mädchen kam bestimmt nicht. Viel bessere Angebote würden auftauchen, bevor sie auch nur zehn Minuten am Highway gestanden hatte. Gefährlichere Angebote vielleicht, aber interessantere, wahrscheinlich auch einträglichere.

Das Mädchen kam bestimmt nicht. Es sei denn, sie fand einen Streuner in ihrem Alter, so obdachlos und herzlos wie sie. *(Ich weiß da was, wo wir bleiben können, wenn wir die Alte abservieren.)*

Nicht heute Abend, aber morgen Abend würde sie sich in diesem ausgehöhlten Haus niederlegen, dessen Bretterwände sie wie eine Papierhülle umgaben, sie würde ihren Willen anstrengen, um leicht zu werden, alle Verantwortung abzuschütteln, nichts im Kopf zu haben als das Rascheln der hohen, dichten Maispflanzen, die inzwischen vielleicht zu wachsen aufgehört hatten, aber nach Einbruch der Dunkelheit immer noch lebhaft tuschelten.